U0854372

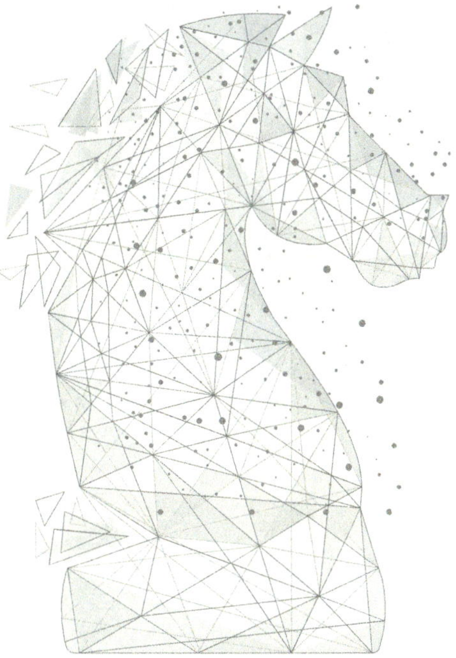

"十四五"职业教育国家规划教材
（中等职业学校公共基础课程教材）

数 学

（基础模块） 下册

第4版

主　　编：曹一鸣
分 册 主 编：曹一鸣
分册副主编：黄奕农　王立东　张明文
分 册 参 编：朱小燕　黄靖舒　李建明　张卫慧

SHUXUE JICHU MOKUAI XIACE

北京师范大学出版集团
BEIJING NORMAL UNIVERSITY PUBLISHING GROUP
北京师范大学出版社

图书在版编目(CIP)数据

数学:基础模块. 下册/曹一鸣主编. —4 版. —北京:北京师范大学出版社,2021. 8(2025. 8 重印)

ISBN 978-7-303-27078-1

Ⅰ. ①数… Ⅱ. ①曹… Ⅲ. ①数学课—中等专业学校—教材 Ⅳ. ①G634. 603

中国版本图书馆 CIP 数据核字(2021)第 127023 号

出版发行:北京师范大学出版社 https://www. bnupg. com
北京市西城区新街口外大街 12-3 号
邮政编码:100088

印　　刷:北京虎彩文化传播有限公司
经　　销:全国新华书店
开　　本:889 mm × 1194 mm　1/16
印　　张:10
字　　数:154 千字
版　　次:2021 年 8 月第 4 版
印　　次:2025 年 8 月第 33 次印刷
定　　价:19. 80 元

策划编辑:林　子　余娟平　　责任编辑:余娟平
美术编辑:焦　丽　　装帧设计:焦　丽
责任校对:陈　民　　责任印制:赵　龙

版权所有　侵权必究

读者服务电话:010-58806806

如发现印装质量问题,影响阅读,请联系印制管理部:010-58800608

“十四五”职业教育国家规划教材（中等职业学校公共基础课程教材）出版说明

为贯彻党的二十大精神，落实《中华人民共和国职业教育法》规定，深化职业教育“三教”改革，全面提高技术技能型人才培养质量，按照《职业院校教材管理办法》《中等职业学校公共基础课程方案》和有关课程标准的要求，在国家教材委员会的统筹领导下，根据教育部职业教育与成人教育司安排，教育部职业教育发展中心组织有关出版单位完成对数学、英语、信息技术、体育与健康、艺术、物理、化学 7 门公共基础课程国家规划新教材修订工作，修订教材经专家委员会审核通过，统一标注“十四五”职业教育国家规划教材（中等职业学校公共基础课程教材）。

修订教材根据教育部发布的中等职业学校公共基础课程标准和国家新要求编写，全面落实立德树人根本任务，突显职业教育类型特征，遵循技术技能人才成长规律和学生身心发展规律，聚焦核心素养、注重德技并修，在教材结构、教材内容、教学方法、呈现形式、配套资源等方面进行了有益探索，旨在推动中等职业教育向就业和升学并重转变，打牢中等职业学校学生的科学文化基础，提升学生的综合素质和终身学习能力，提高技术技能人才培养质量，巩固中等职业教育在职业教育体系中的基础地位。

各地要指导区域内中等职业学校开齐开足开好公共基础课程，认真贯彻实施《职业院校教材管理办法》，确保选用本次审核通过的国家规划修订教材。如使用过程中发现问题请及时反馈给出版单位，以推动编写、出版单位精益求精，不断提高教材质量。

中等职业学校公共基础课程教材建设专家委员会

2023 年 6 月

前　言

中等职业学校数学课程是中等职业学校各专业学生必修的公共基础课程，承载着落实立德树人根本任务、发展素质教育的功能，具有基础性、发展性、应用性和职业性等特点。本套教材是“十四五”职业教育国家规划教材（中等职业学校公共基础课程教材），依据《中等职业学校公共基础课程方案》和《中等职业学校数学课程标准》（以下简称“新课标”）编写。

一、本套教材的主要内容

本套教材注重提升学生数学运算、直观想象、逻辑推理、数学抽象、数据分析和数学建模六大数学学科核心素养；注重提高学生学习数学的兴趣，增强学生学好数学的主动性和自信心，使学生养成理性思维、敢于质疑、善于思考的科学精神和精益求精的工匠精神，加深对数学的科学价值、应用价值、文化价值和审美价值的认识；注重依据中职学生的实际情况，为不同需求的学生提供未来发展所需的数学知识，并培养其相应的数学能力。

本套教材内容体系如下。

- 基础模块
  - 上册
    - 基础知识
      - 第一单元　集合
      - 第二单元　不等式
    - 函数
      - 第三单元　函数
      - 第四单元　指数函数与对数函数
      - 第五单元　三角函数
  - 下册
    - 几何与代数
      - 第六单元　直线与圆的方程
      - 第七单元　简单几何体
    - 概率与统计
      - 第八单元　概率与统计初步
- 拓展模块一
  - 上册
    - 基础知识
      - 第一单元　充要条件（简易逻辑）
    - 函数
      - 第二单元　三角计算
      - 第三单元　数列
    - 几何与代数（几何部分）
      - 第四单元　平面向量
      - 第五单元　圆锥曲线
      - 第六单元　立体几何
  - 下册
    - 几何与代数（代数部分）
      - 第七单元　复数
    - 概率与统计
      - 第八单元　排列组合
      - 第九单元　随机变量及其分布
      - 第十单元　统计

拓展模块二

- 专题一 数学文化
- 专题二 数学建模
- 专题三 数学工具
- 专题四 规划与评估
- 专题五 数学与信息技术
- 专题六 数学与财经商贸
- 专题七 数学与加工制造
- 专题八 数学案例

二、本套教材的主要特色

·紧扣新课标新理念，注重发展核心素养

为全面贯彻党的教育方针、落实立德树人根本任务，本套教材严格依据新课标编写，全面落实新课标要求，在数学内容设计中突出数学学科核心素养，注重学生数学核心素养的提升。

·重视实践体现应用，突显数学育人价值

本套教材充分考虑中等职业教育的教学规律、一线职业学校学生的实际情况和学生未来职业发展需求，注重创设贴近学生生活、未来职场的数学情境，生动自然地引入、呈现、展开数学知识的学习。数学情境多源自日常生活、社会生活或生产实践案例，注重在案例情境中提出数学问题，使学生学会运用数学知识和数学思维解决实际问题，提升学生的数学运用能力。

·新知生成旧知迁移，有机构建数学整体

本套教材注重数学新知识的自然生成，设置“知识回顾”“问题提出/观察思考”“分析理解”“抽象概括”等栏目，通过层层递进的符合逻辑规律的结构体例，让学生了解数学知识的来龙去脉。教材注意各部分知识之间的内在联系，通过类比、联想、知识的迁移和应用等手段，使学生体会知识之间的有机联系，感受数学的整体性，正确认识数学的本质。

·尊重学生主体地位，体现分层教学理念

本套教材坚持以学生为本，尊重学生主体地位，关注学生的个体差异。在例题选择、习题编排等方面均差别化设置难度，突出学业水平评价要素，体现分层教学的理念，既适应不同地区、不同专业类别、不同数学基础学生的特点，又兼顾学生升学和就业的需要。

三、本套教材的配套资源

本套教材为学生提供配套学习指导与能力训练，帮助学生进行同步复习与学习检测，兼顾升学和就业两种发展需求，提升学生学习效率和效果。

“京师智教”为本套教材配套资源服务平台，为教师开展多样化教学、学生开展个性化自主学习提供全方位的支持和服务。本套教材配备丰富的数字资源，资源类型包括教学课件、同步教案、重难点知识讲解视频、重难点习题讲解视频以及在线交互习题等。我们将继续开展其他优质数字教学资源的研发和建设，不断更新和丰富相关内容，做到与时俱进。师生可访问京师智教官方网站：https：//jsek. bnuic. com，登录后搜索书名进行查看。

四、本教材的编写团队及分工

本套教材由北京师范大学数学科学学院曹一鸣教授担任主编，负责设计教材的编写提纲、编写体例，本册教材为基础模块下册，由付勇、曹一鸣担任分册主编。本册教材书稿撰写分工如下：第六单元，张明文、朱小燕；第七单元，黄奕农、张卫慧；第八单元，王立东、黄靖舒、李建明。付勇、曹一鸣对全书进行统稿、定稿，黄奕农、王立东、胡琴竹、朱小燕、杨裕铨参与全书的审稿和定稿工作。

除上述主要编者外，参加本教材讨论、修改和相关教学资源制作的还有(以姓氏笔画为序)：王奋际(四川省温江中学)，周海燕(上海工商信息学校)，柴光祥(绥阳县中等职业技术学校)，翁志峰(上海市材料工程学校)，董连春(中央民族大学)。同时，在教材前期的试教试用过程中，我们收到了很多省市数学教研员、教师的宝贵意见和建议，在此一并表示感谢!

由于时间较为仓促，教材难免存在不足之处，我们诚恳地期待各位读者提出宝贵的修改意见和建议(请发邮件至 yjp@bnupg. com)。

目 录

第六单元 直线与圆的方程 / 1

目　录

第六单元 直线与圆的方程

赵州桥是世界上现存年代久远、跨度最大、保存最完整的单孔坦弧敞肩石拱桥，其建造工艺独特，其“敞肩拱”的结构形式在世界桥梁史上也是首创，它是中国古代劳动人民智慧的结晶，对之后的桥梁建筑有着深远的影响．我国的道路与桥梁建设等基础设施建设在新时代的成绩同样令人瞩目．我国已建成世界最大的高速铁路网、高速公路网，机场港口、水利、能源、信息等基础设施建设也取得重大成就．中国人民的智慧在新时代焕发出更加璀璨的光芒．

在科技、生产及现实生活中，直线与圆的图形或意象总会在我们眼前呈现，我们以前学习平面几何，常常会直接依据几何图形中的点、直线、平面的关系来研究图形的性质．现在，我们学习另一种研究几何图形的方法——坐标法，它是在建立平面直角坐标系的基础上，用坐标表示点，用方程表示曲线，从而把几何问题转化为代数问题，通过代数运算来研究几何图形性质的方法．

建立坐标系，通过点的坐标间的各种代数关系来研究几何图形的性质是解析几何的核心内容．解析几何的创立是世界数学发展史上的重要里程碑，解析几何产生的同时，变量被引入数学中，这使得数学发展由常量数学时期进入变量数学时期．

本单元将学习平面直角坐标系中两点间的距离、线段的中点坐标、点到直线的距离等知识；学习用坐标法建立直线的方程和圆的方程，通过对方程的讨论，研究直线和圆的位置关系等问题；通过对实际例子的研究，了解直线、圆在实际生产与生活中的应用；通过对坐标法的学习，培养数形结合的思维习惯，不断提升数学运算、直观想象、逻辑推理和数学抽象等核心素养．

学习目标

1. 体会平面直角坐标系中两点间的距离公式和线段的中点坐标公式的生成过程，会求两点间的距离和线段的中点坐标，提升数学运算、逻辑推理等核心素养.

2. 借助直观图形认识直线的倾斜角，能根据直线的倾斜角或两点坐标计算直线的斜率.

3. 理解直线方程的三种基本形式(点斜式方程、斜截式方程和一般式方程)，能根据给定的条件灵活选择三种基本形式表示直线.

4. 理解两条直线平行或垂直的条件，掌握两条直线平行或垂直的判定方法，会求两条相交直线的交点坐标，会用点到直线的距离公式.

5. 借助直观图形认识圆的两个要素，能根据圆心和半径写出圆的标准方程，会根据圆的一般方程求圆心的坐标和圆的半径.

6. 理解直线与圆的位置关系，会判断直线与圆的位置关系，能解决与直线方程和圆的方程有关的实际问题，经历数学建模过程.

6.1　两点间的距离公式及中点坐标公式

航空母舰有“海上霸主”的称号，是一种以舰载机为主要作战武器的大型水面舰艇，可以供舰载机起飞和降落．中国人民解放军海军辽宁舰是一艘可以搭载固定翼飞机的航空母舰，也是我国第一艘服役的航空母舰．

相关链接

我国加快推进科技自立自强，载人航天、探月探火、深海深地探测、超级计算机、卫星导航、量子信息、核电技术、新能源技术、大飞机制造、生物医药等取得重大成果，进入创新型国家行列．

6.1.1　两点间的距离公式

观察思考

笔记

如图 6-1 所示，某航空母舰从 A 处航行至 B 处，设每个小方格的边长为 100 n mile(1 n mile=1.852 km)，则由勾股定理可知：A 与 B 两点之间的距离为

$$\begin{aligned}|AB|&=\sqrt{AC^2+BC^2}\\&=\sqrt{500^2+1\ 200^2}\\&=1\ 300(\text{n mile}).\end{aligned}$$

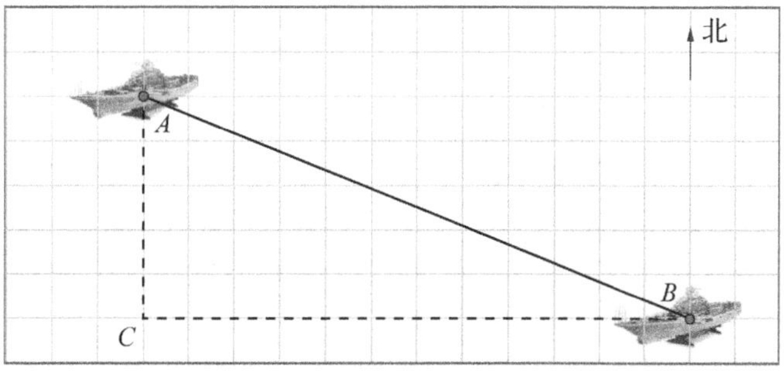

图 6-1

笔记

建立如图 6-2 所示的平面直角坐标系，那么 $|AB|$ 与点 A，B 的坐标有什么关系？

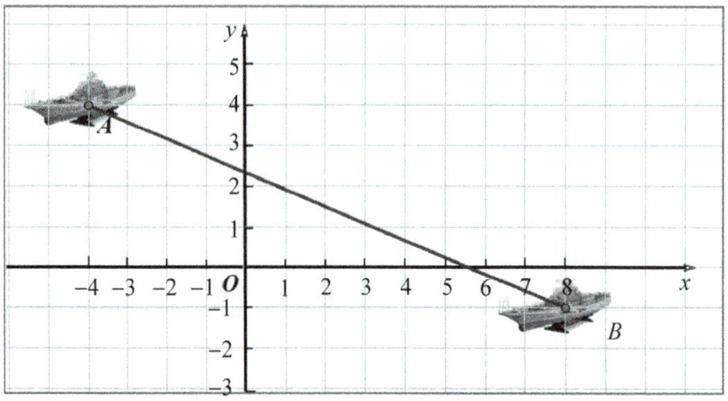

图 6-2

分析理解

知识回顾

如图 6-3 所示，A，B 两点在数轴上对应的实数分别为 x_1，x_2，则 A，B 两点间的距离为 $|AB|=|x_2-x_1|$.

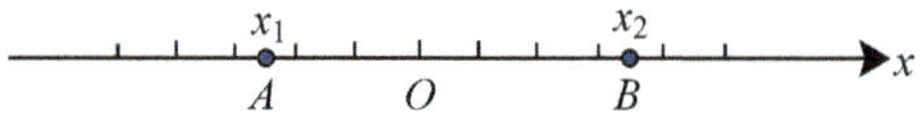

图 6-3

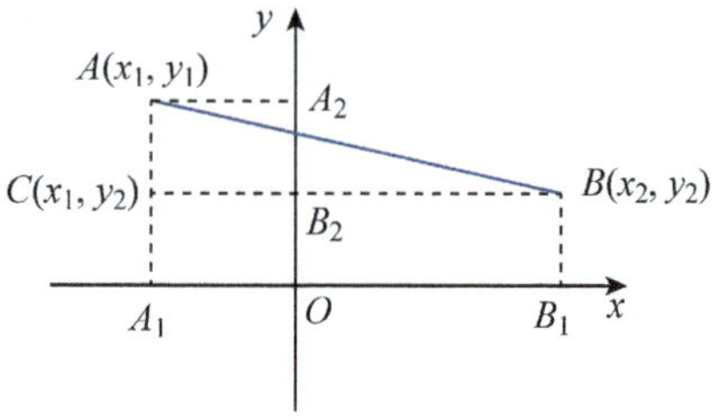

图 6-4

如图 6-4 所示，设点 $A(x_1,\ y_1)$，$B(x_2,\ y_2)$，过点 A，B 分别作 x 轴的垂线，垂足分别为 A_1，B_1；过点 A，B 分别作 y 轴的垂线，垂足分别为 A_2，B_2. AA_1 交 BB_2 的延长线于点 C，则点 C 的坐标为 $(x_1,\ y_2)$，由数轴上两点间的距离公式可知

$$|AC|=|y_2-y_1|,\quad |BC|=|x_2-x_1|.$$

由勾股定理知 $|AB|=\sqrt{BC^2+AC^2}=\sqrt{(x_2-x_1)^2+(y_2-y_1)^2}$.

抽象概括

概念
两点间的距离公式

平面直角坐标系内任意两点 $P_1(x_1,\ y_1)$，$P_2(x_2,\ y_2)$ 之间的距离公式为

$$|P_1P_2|=\sqrt{(x_2-x_1)^2+(y_2-y_1)^2}.$$

用两点间的距离公式可以计算平面直角坐标系内任意两个点之间的距离.

笔记

例 1　已知点 $A(-1, 2)$ 和 $B(3, 5)$，求 $|AB|$.

分析　直接应用两点间的距离公式，关键在于分清对应的坐标，准确计算.

解　根据两点间的距离公式，得

$$|AB|=\sqrt{[3-(-1)]^2+(5-2)^2}=5.$$

例 2　根据本节“观察思考”中的内容，如图 6-2 所示.

(1) 写出 A，B 两点的坐标；

(2) 求 $|AB|$.

分析　明确横、纵坐标的含义，写出对应点的坐标，进而根据两点间的距离公式进行计算.

解　(1) 点 A 的坐标为 $(-4, 4)$，点 B 的坐标为 $(8, -1)$；

(2) $|AB|=\sqrt{[8-(-4)]^2+(-1-4)^2}=13$.

合作交流

同学相互交流，如何记忆两点间的距离公式，使用公式时要注意什么.

随堂练习

1. 已知两点 $A(-4, 0)$ 和 $B(0, 3)$，则 $|AB|=$(　　).

A. -1　　B. 5　　C. 7　　D. 12

2. 已知点 $M(0, 1)$ 和 $N(6, 5)$，则 $|MN|=$(　　).

A. $2\sqrt{13}$　　B. 52　　C. 10　　D. $5\sqrt{2}$

3. 原点 $O(0, 0)$ 到点 $P(3, -4)$ 的距离 $|OP|=$________.

4. 已知两点 $M(1, 0)$ 和 $N(-2, 3)$，则 $|MN|=$________.

5. 已知 x 轴上一点 A 到点 $P(-3, 3)$ 的距离为 5，则点 A 的坐标为________.

6. 在平面直角坐标系内，描出点 $A(1, 0)$，$B(4, 2)$，$C(2, 5)$，并判断 $\triangle ABC$ 的形状.

6.1.2　中点坐标公式

观察思考

根据 6.1.1“观察思考”的内容，建立如图 6-5 所示的平面直角坐标系. 若该航空母舰需要停靠在 D 岛上(AB 的中间位置)进行战备物资补给，那

笔 记

么该航空母舰航行轨迹的中点位置 D 该如何用坐标来表示呢？

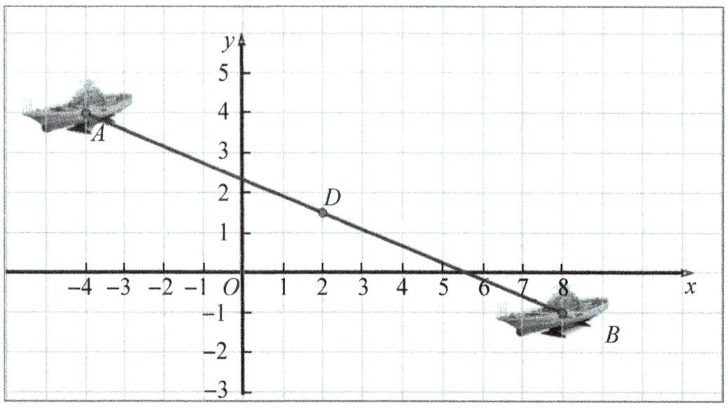

图 6-5

分析理解

知识回顾

如图 6-6 所示，数轴上 A，B 两点对应的实数分别为 x_1，x_2，点 C 为线段 AB 的中点，则点 C 对应的实数为 $x=\dfrac{x_1+x_2}{2}$.

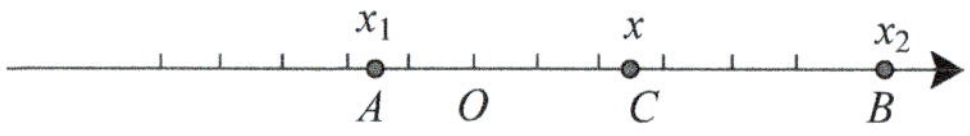

图 6-6

如图 6-7 所示，在平面直角坐标系 xOy 中，点 A 的坐标为$(-4,\ 4)$，点 B 的坐标为$(8,\ -1)$. 过点 A，B 分别作 x 轴、y 轴的垂线 AC，BC，交点为点 C. 则点 C 的坐标为$(-4,\ -1)$. 过点 D 分别作 BC，AC 的平行线，与 AC 的交点为 D_1，与 BC 的交点为 D_2，则 D_1，D_2 分别为 AC，BC 的中点. 从而点 D_1 的坐标为$\left(-4,\ \dfrac{4-1}{2}\right)$，即$\left(-4,\ \dfrac{3}{2}\right)$；点 D_2 的坐标为$\left(\dfrac{8-4}{2},\ -1\right)$，即$(2,\ -1)$. 所以，点 D 的坐标为$\left(\dfrac{8-4}{2},\ \dfrac{4-1}{2}\right)$，即$\left(2,\ \dfrac{3}{2}\right)$.

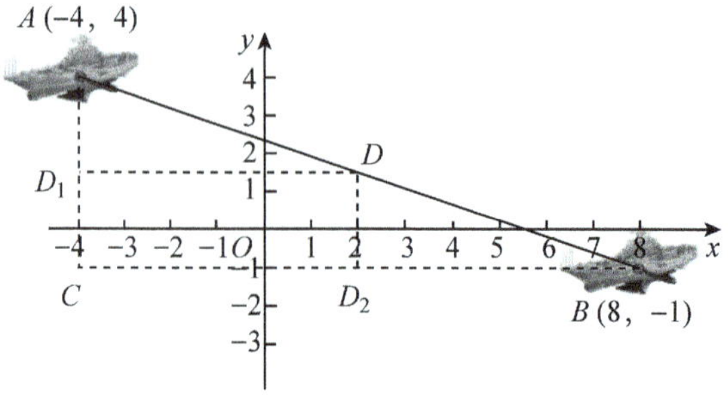

图 6-7

抽象概括

概念 中点坐标公式

一般地，设点 $P_1(x_1, y_1)$，$P_2(x_2, y_2)$是平面直角坐标系内的任意两点，则线段 P_1P_2 的中点 $P(x_0, y_0)$的坐标可用中点坐标公式求得

$$x_0=\frac{x_1+x_2}{2},\ y_0=\frac{y_1+y_2}{2}.$$

线段 P_1P_2 的中点的横坐标是两个端点 P_1 与 P_2 的横坐标的和的一半，而中点的纵坐标是两个端点 P_1 与 P_2 的纵坐标的和的一半．用中点坐标公式可以计算平面直角坐标系内任意两个点的中点坐标．

笔 记

例 1　求已知点 $A(-1, 2)$和 $B(3, 4)$，求线段 AB 的中点坐标．

分析　明确各点的横、纵坐标，直接利用中点坐标公式，准确计算．

解　设中点 P 的坐标为(x, y)，根据中点坐标公式，有

$$x=\frac{-1+3}{2}=1,\ y=\frac{2+4}{2}=3.$$

故线段 AB 的中点坐标为$(1, 3)$．

例 2　已知三角形的三个顶点分别 $A(2, 1)$，$B(-4, 4)$，$C(2, 6)$，求$\triangle ABC$ 中 BC 边上的中线 AD 的长．

分析　根据三角形中线的定义，可先求出 BC 边上的中点坐标，再由两点间的距离公式求出中线长．

解　设 BC 边上的中点 D 的坐标为(x, y)，根据中点坐标公式，可得

$$x=\frac{-4+2}{2}=-1,\ y=\frac{4+6}{2}=5.$$

故 BC 边上的中点 D 的坐标为$(-1, 5)$．

由两点间的距离公式可得

$$|AD|=\sqrt{(-1-2)^2+(5-1)^2}=5,$$

即$\triangle ABC$ 中 BC 边上的中线 AD 的长为 5．

合作交流

画出例 2 中的$\triangle ABC$ 和它的三条中线，并求另外两条中线的长．相互交流如何使用中点坐标公式求中点．

笔记

随堂练习

1. 选择题.

(1) 已知点 $A(-4, 0)$和 $B(0, 2)$，则线段 AB 的中点坐标为(　　).

A. $(-4, 2)$　　B. $(4, -2)$　　C. $(-2, 1)$　　D. $(2, -1)$

(2) 已知线段 AB 的中点坐标是$(3, 2)$，A 的坐标是$(1, -4)$，则 B 的坐标为(　　).

A. $(2, -1)$　　B. $(5, 8)$　　C. $(4, -2)$　　D. $(2, 6)$

2. 填空题.

(1) 已知原点 $O(0, 0)$和点 $P(0, 4)$，那么线段 OP 的中点坐标是__________.

(2) 已知点 $P(5, 2)$和 $Q(3, -4)$，那么线段 PQ 的中点坐标是__________.

习题 6.1

水平一

1. 已知点 $A(-4, 0)$和 $B(2, 6)$，求点 A 到点 B 的距离.

2. 已知点 $M(2, -1)$和 $N(-1, 3)$，求线段 MN 的长度.

3. 已知点 $A(3, 4)$和 $B(1, -2)$，求线段 AB 的中点坐标.

4. 已知线段 AB，它的中点坐标是$(-1, 2)$，B 的坐标是$(2, 3)$，求 A 的坐标.

5. 已知点 $M(-3, m)$和 $N(n, -10)$，且线段 MN 的中点坐标是$(3, -4)$，求 m 和 n 的值.

水平二

1. 已知点 $A(1, 2)$和 $B(m, -1)$，且 $|AB|=5$，求 m 的值.

2. 已知点 $A(3, m)$关于点 $P(n, 2)$的对称点为 $B(-2, 1)$，求 m 和 n 的值.

3. 已知三角形的三个顶点分别为 $A(1, -3)$，$B(5, 2)$，$C(0, 4)$，求$\triangle ABC$ 三条边的长以及三条边上的中线的长.

笔 记

6.2 直线的倾斜角及斜率

6.2.1 直线的倾斜角

世界排名前十的斜拉桥中，有 8 座位于我国. 南京大胜关长江大桥，主桥主跨 648 m，全长约 14.89 km，其中跨江大桥长 4.744 km，索塔高 215 m，主桥为双塔双索面钢塔钢箱梁斜拉桥，是中国第一座钢塔斜拉桥，也是世界上第一座弧线形钢塔斜拉桥，采用钢砼塔身设计，下横梁以下部分为砼塔身，以上部分为钢塔身，建造时在中国尚属首创.（图 6-8）

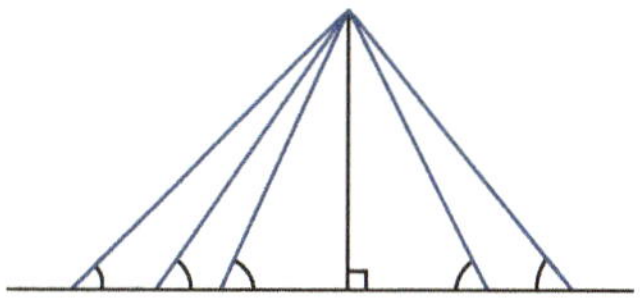

图 6-8

观察思考

观察图 6-8，相对于桥面而言，斜拉钢索有的平缓而有的却陡直，那该如何刻画钢索的陡缓程度呢?

分析理解

观察斜拉桥，可以看出，图 6-8 中的斜拉钢索与桥边缘的夹角越小，斜拉钢索越平缓，否则就越陡直. 所以，斜拉索的陡缓可以用斜拉索与桥边缘的夹角来刻画.

如图 6-9 所示，经过点 P 的直线 l，m，n 的倾斜程度互不相同，我们同样也可以用角来描述直线的倾斜程度.

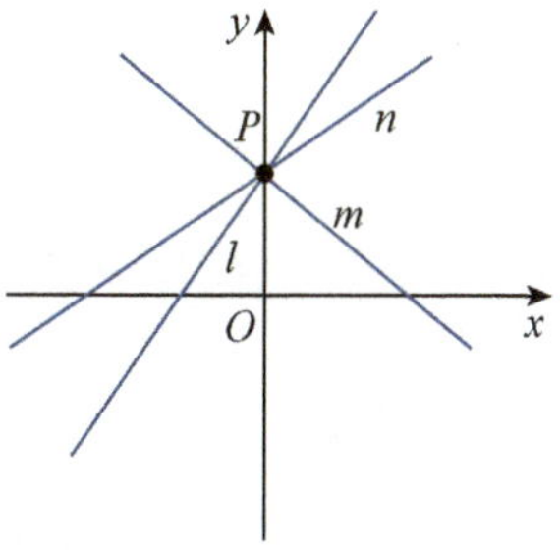

图 6-9

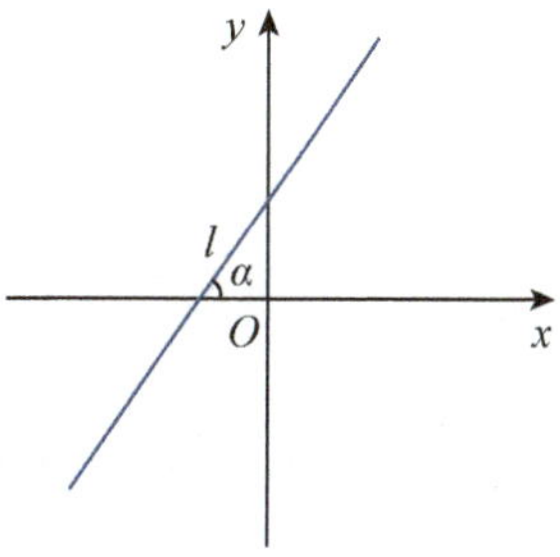

图 6-10

抽象概括

概念
直线的倾斜角

一般地，在平面直角坐标系中，我们把直线 l 向上的方向与 x 轴正方向所夹的最小正角叫作**直线 l 的倾斜角**，通常用 α 来表示.（图 6-10）

探究发现

笔 记

观察图 6-9 中直线的倾斜角的各种情况. 通过观察我们发现，直线的倾斜角有以下 4 种不同的状态.（图 6-11）

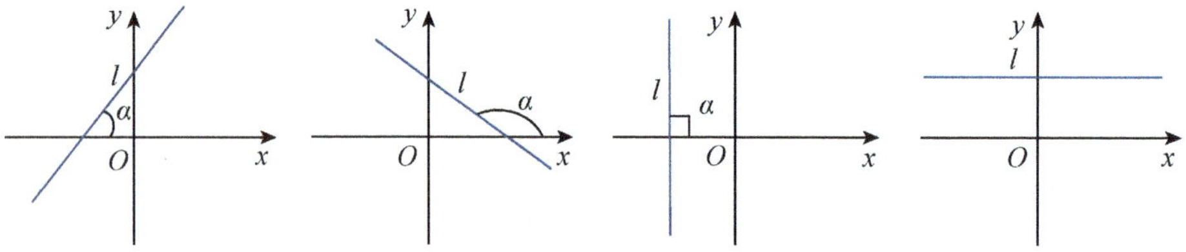

图 6-11

由图 6-11 可知，直线的倾斜角有锐角、钝角、直角，我们规定与 x 轴平行或重合的直线的倾斜角为 0°，因此，直线的倾斜角 α 的取值范围为

$$0°\leqslant\alpha<180°.$$

这样，平面直角坐标系内任意一条直线都有一个确定的倾斜角 α，倾斜程度相同的直线，其倾斜角相等；倾斜程度不相同的直线，其倾斜角不相等. 因此，我们可用倾斜角 α 表示平面直角坐标系内任意一条直线的倾斜程度.

例 已知直线 l 与直线 m 相交形成的锐角为 30°，直线 l 的倾斜角为 60°，求直线 m 的倾斜角.

解 直线 m 与 l 的相交形成的锐角为 30°，分两种情况.（图 6-12）

所以直线 m 的倾斜角为 $30°+60°=90°$ 或 $60°-30°=30°$.

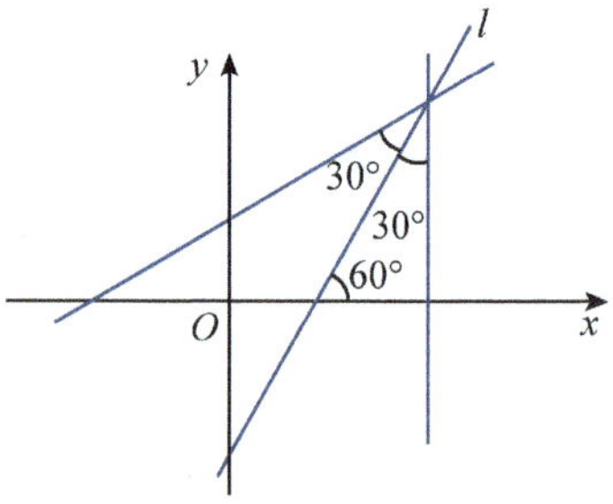

图 6-12

随堂练习

1. 选择题.

(1) 经过点 $A(3，2)$且与 x 轴垂直的直线的倾斜角为(　　).

A. 0°　　B. 45°　　C. 90°　　D. 180°

(2) 直线 l 与 x 轴相交，则其倾斜角 α 的取值范围为(　　).

A. $\left[0, \frac{\pi}{2}\right)$　　B. $\left(0, \frac{\pi}{2}\right)$　　C. $[0, \pi)$　　D. $(0, \pi)$

2. 填空题.

(1) 已知直线 l 与直线 m 垂直，且直线 l 的倾斜角为 $42°$，那么直线 m 的倾斜角是________.

(2) 已知直线 l 与直线 m 相交形成的锐角为 $\frac{\pi}{3}$，且直线 l 的倾斜角为 $\frac{3\pi}{4}$，那么直线 m 的倾斜角是________.

笔记

6.2.2　直线的斜率

观察思考

日常生活中，还有没有表示倾斜面倾斜程度的量呢？如图 6-13 所示，我们经常用"升高量与前进量的比值"表示倾斜面的"坡度"，即

$$坡度(比)=\frac{升高量}{前进量}.$$

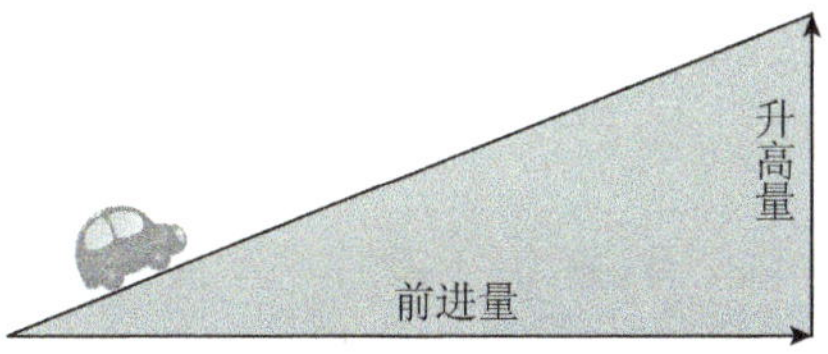

图 6-13

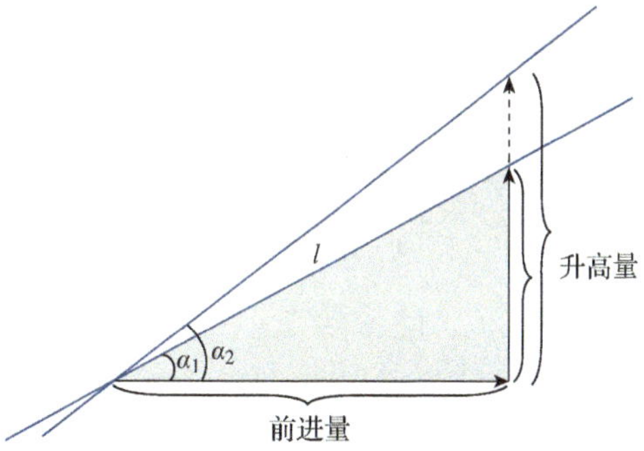

图 6-14

直线的倾斜角 α 与斜坡坡度(比)都可以用来表示倾斜程度，那么这两者之间有联系吗？(图 6-14)

抽象概括

倾斜角不是 $90°$ 的直线，它的倾斜角 α 的正切值叫作这条**直线的斜率**. 直线的斜率通常用 k 表示，即

$$k=\tan\alpha(\alpha\neq 90°).$$

概念
直线的斜率

例 1　已知直线的倾斜角 α，求直线的斜率 k.

笔记

(1) $\alpha=\dfrac{\pi}{3}$；　　　　(2) $\alpha=135°$.

分析　给定直线的倾斜角，即可根据定义求出直线的斜率.

解　(1) $k=\tan\dfrac{\pi}{3}=\sqrt{3}$.

(2) $k=\tan 135°=-\tan 45°=-1$.

例 2　已知直线的斜率 k，求直线的倾斜角 α.

(1) $\dfrac{\sqrt{3}}{3}$；　　　　(2) $-\sqrt{3}$.

分析　给出直线的斜率，因为倾斜角 α 的取值范围是 $0°\leqslant\alpha<180°$，故可以求出对应的倾斜角.

解　(1) 因为 $k=\tan\alpha=\dfrac{\sqrt{3}}{3}$，且 $0°\leqslant\alpha<180°$，故 $\alpha=30°$.

(2) 因为 $k=\tan\alpha=-\sqrt{3}<0$，所以 α 是钝角，故 $\alpha=120°$.

探究发现

观察图 6-11，根据直线 l 的倾斜角 α 的 4 种不同状态，不难发现：

(1) 当倾斜角 α 为锐角时，斜率 $k>0$；当倾斜角 α 为钝角时，斜率 $k<0$；当倾斜角 α 为 0°时，斜率 $k=0$；当倾斜角 α 为直角时，斜率 k 不存在.

(2) 与 x 轴不垂直的直线都有斜率，倾斜角不同，斜率也不一样；斜率不存在的直线与 x 轴垂直，倾斜角为 90°.

如图 6-15 所示，在平面直角坐标系内，给定两点 $P_1(x_1,\ y_1)$，$P_2(x_2,\ y_2)$，且 $x_1\neq x_2$，那么，

(1) 当 α 为锐角时，$k=\tan\alpha=\dfrac{|PP_2|}{|PP_1|}=\dfrac{y_2-y_1}{x_2-x_1}$.

(2) 当 α 为钝角时，

$$k=\tan\alpha=-\tan(180°-\alpha)=-\frac{|PP_2|}{|PP_1|}=-\frac{y_2-y_1}{x_1-x_2}=\frac{y_2-y_1}{x_2-x_1}.$$

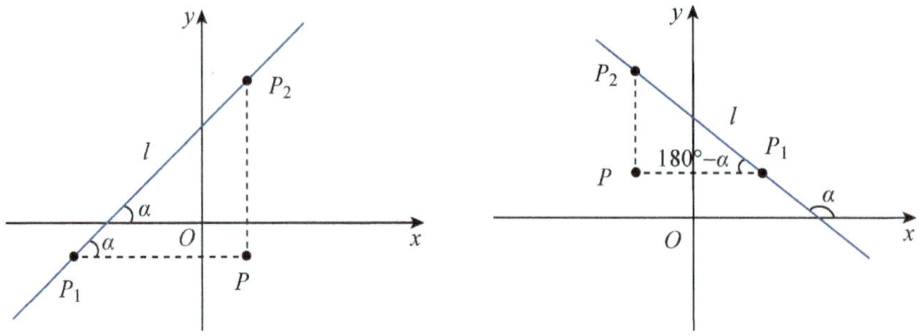

图 6-15

抽象概括

设点 $P_1(x_1, y_1)$，$P_2(x_2, y_2)$为直线 l 上的任意两点，则直线 l 的斜率为

$$k=\frac{y_2-y_1}{x_2-x_1}\quad (x_1\neq x_2).$$

> 特别提示
> 设点 $P_1(x_1, y_1)$，$P_2(x_2, y_2)$为直线 l 上任意不重合的两点，如果 $x_1=x_2$，那么直线 l 与 x 轴垂直，此时直线 l 的斜率 k 不存在.

例 3 求经过两点的直线的斜率 k 和倾斜角 α.

(1) $A(-2, 0)$和 $B(1, 3)$；　　(2) $M(1, 4)$和 $N(3, 2)$.

分析 已知两点坐标求过这两点的直线的斜率和倾斜角，直接利用公式求解即可.

解 (1) 将点 A，B 的坐标代入公式中，可得 $k=\frac{3-0}{1-(-2)}=1$，即 $\tan\alpha=1$，又因为 $0°\leqslant\alpha<180°$，所以倾斜角 $\alpha=45°$. 因此，所求直线 AB 的斜率是 1，倾斜角是 45°.

(2) 将点 M，N 的坐标代入公式中，可得 $k=\frac{2-4}{3-1}=-1$，即 $\tan\alpha=-1$，又因为 $0°\leqslant\alpha<180°$，所以倾斜角 $\alpha=135°$. 因此，所求直线 MN 的斜率是 -1，倾斜角是 135°.

笔记

随堂练习

1. 选择题.

(1) 已知直线 l 的倾斜角 $\alpha=30°$，则直线 l 的斜率是(　　).

A. $\sqrt{3}$　　B. $-\sqrt{3}$　　C. $\frac{\sqrt{3}}{3}$　　D. $-\frac{\sqrt{3}}{3}$

(2) 已知直线 l 的倾斜角 $\alpha=90°$，则直线 l 的斜率是(　　).

A. 1　　B. -1　　C. 不能确定　　D. 不存在

(3) 已知直线 l 的斜率是 $\sqrt{3}$，则直线 l 的倾斜角是(　　).

A. 60°　　B. 45°　　C. 30°　　D. 240°

(4) 已知直线 l 的斜率是 1，则直线 l 的倾斜角 $\alpha=$(　　).

A. 30°　　B. 45°　　C. 60°　　D. 120°

(5) 经过两点 $A(4, -1)$，$B(-5, -1)$的直线的斜率是(　　).

A. 1　　B. -1　　C. 0　　D. 不存在

笔记

2. 填空题.

(1) 当 $0°<\alpha<90°$ 时，斜率 k ________ 0，这时直线从左到右是上升的.

(2) 当 $90°<\alpha<180°$ 时，斜率 k ________ 0，这时直线从左到右是下降的.

(3) 当直线 l 与 x 轴平行或重合时，它的倾斜角 $\alpha=$________，斜率 k ________ 0.

(4) 当直线 l 与 y 轴平行或重合时，它的倾斜角 $\alpha=$________，斜率 k ________.

3. 求经过两点 $M(-1, 4)$ 和 $N(3, 0)$ 的直线的斜率和倾斜角.

习题 6.2

水平一

1. 如果直线 l 的倾斜角 $\alpha=120°$，则直线 l 的斜率 $k=$________.

2. 已知直线的斜率 k，求直线的倾斜角 α.

(1) $k=\dfrac{\sqrt{3}}{3}$；　　(2) $k=-1$.

3. 求经过两点的直线的斜率：

(1) $A(5, 2)$，$B(2, 4)$；(2) $M(-1, -2)$，$N(-4, -2)$.

4. 已知三角形的三个顶点 $A(0, 1)$，$B(8, 3)$，$C(1, -1)$，分别求三角形三条边所在的直线的斜率.

水平二

1. 经过点 $M(2, -3)$ 与点 $N(2, 4)$ 的直线的倾斜角为________，斜率为________.

2. 直线 l 经过点 $P(m, 3)$ 与点 $Q(2, m)$，若该直线的倾斜角为锐角，则 m 的取值范围是____________.

3. 已知 a，b，c 是两两不相等的实数，过点 $P(a, b+c)$ 与点 $Q(b, c+a)$ 的直线的倾斜角为________.

4. 已知点 $A(1, 3)$，$B(-3, m)$，且直线 AB 与 x 轴的夹角为 $45°$，求 m 的值．

5. 已知三点 $A(m+1, -1)$，$B(3, 1)$，$C(-3, m)$在同一条直线上，求 m 的值.

笔记

6.3　直线方程

观察思考

观察图 6-9、图 6-10，思考在平面直角坐标系内如何才能确定一条直线？我们可以发现：已知直线上的一点和直线的倾斜角(或斜率)可以确定一条直线；已知两点也可以确定一条直线．也就是说，在平面直角坐标系中，给定一个点 P_0 和斜率 k，或给定两个点 P_1，P_2，就能唯一确定一条直线．但用不同的条件直接确定的直线的方程形式有所不同，下面我们来学习直线的方程的几种不同的形式.

知识回顾

在初中我们学过，一次函数 $y=kx+b$ 的图像是一条直线，而直线上点的坐标也都满足该方程．因此，我们把 $y=kx+b$ 叫作该直线的方程.

6.3.1　直线的点斜式方程

问题提出

已知直线 l 的倾斜角为 $60°$，且经过定点 $P_0(1, 2)$，这条直线的位置就被确定了，那么，如何用方程来表示直线 l 呢？

分析理解

设点 $P(x, y)$为直线 l 上不与 $P_0(1, 2)$重合的任意一点(图 6-16)，可以发现，无论点 $P(x, y)$在直线 l 上怎样移动，直线 l 的倾斜角始终不会发生任何变化，由斜率公式可得

$$k=\tan 60°=\frac{y-2}{x-1},$$

即$\frac{y-2}{x-1}=\sqrt{3}$，化简得 $y-2=\sqrt{3}(x-1)$.

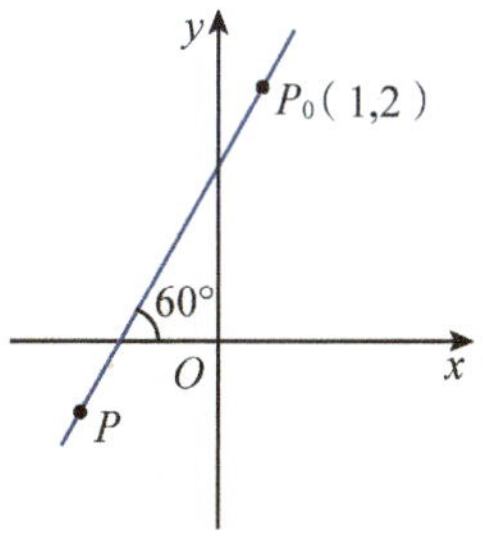

图 6-16

抽象概括

一般地，若直线过点 $P_0(x_0, y_0)$且斜率为 k，在 l 上任取一个不同于

P_0 的点 $P(x, y)$，则由斜率公式可得 $k=\dfrac{y-y_0}{x-x_0}$，即

$$y-y_0=k(x-x_0).$$

概念
直线的点斜式方程

由于这个方程是由直线上的一点和直线的斜率这两个要素来确定的，因此我们把 $y-y_0=k(x-x_0)$ 叫作**直线的点斜式方程**. 其中 $P_0(x_0, y_0)$ 为直线上的点，k 为直线的斜率.

笔记

例 1 求经过点 $P_0(2, -1)$，倾斜角为 60°的直线的点斜式方程.

分析 本题给出了所求直线上的一个点的坐标和直线的倾斜角，需要先求出斜率，然后再代入点斜式方程中.

解 $k=\tan 60°=\sqrt{3}$，由题意可得 $y-(-1)=\sqrt{3}(x-2)$.

化简可得 $y+1=\sqrt{3}(x-2)$，这就是所求直线的点斜式方程.

例 2 已知直线 l 经过 $A(3, -1)$，$B(1, 5)$ 两点，求直线 l 的点斜式方程.

分析 本题只给出了所求直线上的两个点的坐标，没有给出斜率，可根据斜率公式求出直线的斜率，然后在点 A 与 B 中任选一点，求得直线的点斜式方程.

解 $k=\dfrac{5-(-1)}{1-3}=-3$，由点斜式方程可得 $y-5=-3(x-1)$.

故直线 l 的点斜式方程为 $y-5=-3(x-1)$.

探究发现

在图 6-17 中，直线 l 的倾斜角分别为 0°和 90°，这两种类型的直线的方程能用点斜式方程来表示吗？应该如何表示呢？

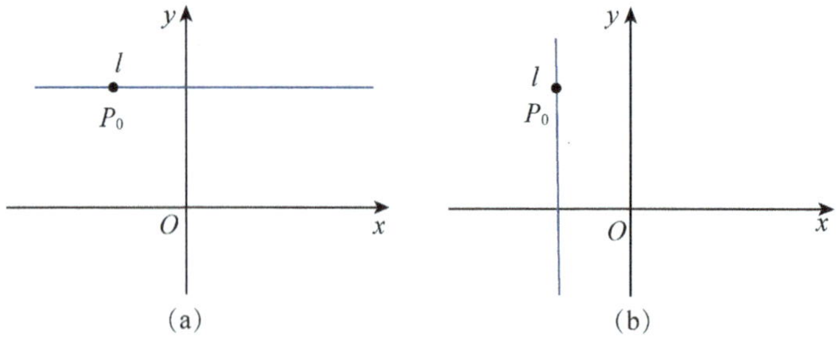

图 6-17

(1) 当直线 l 的倾斜角为 0°时，斜率 $k=\tan 0°=0$，此时直线 l 与 x 轴平行(或重合)，将点 $P_0(x_0, y_0)$ 的坐标和 $k=0$ 代入点斜式方程中，得 $y-y_0=0$，即

$$y=y_0.$$

上式说明，平行于 x 轴(或与 x 轴重合)的直线 l 上的任意一点的纵坐标都等于 y_0，当 $y_0=0$ 时，直线与 x 轴重合，也就是说，x 轴的方程为 $y=0$.

(2) 当直线 l 的倾斜角为 $90°$时，此时直线 l 与 x 轴垂直，斜率 k 不存在，直线 l 不能用点斜式方程表示．因为直线 l 上每一点的横坐标都等于 x_0，所以它的方程为

$$x=x_0.$$

当 $x_0=0$ 时，直线与 y 轴重合，也就是说，y 轴的方程为 $x=0$.

例如，过点 $P(3,\ -2)$且平行于 x 轴的直线的方程是 $y=-2$；过点 $P(3,\ -2)$且垂直于 x 轴的直线的方程是 $x=3$.

笔记

合作交流

平行于坐标轴的直线上的点的坐标有什么特征？同学相互交流.

随堂练习

1. 选择题.

(1) 已知直线的方程是 $y-5=-2(x+1)$，则该直线的斜率 k 是(　　).

A. -5　　B. -2　　C. 1　　D. 5

(2) 已知直线的方程是 $y+3=x-5$，则该直线的斜率 k 是(　　).

A. 3　　B. -5　　C. 不存在　　D. 1

(3) 已知直线的方程是 $y-\frac{1}{2}=-9(x+3)$，则该直线所经过的一个点是(　　).

A. $\left(\frac{1}{2},\ 3\right)$　　B. $\left(-3,\ \frac{1}{2}\right)$

C. $\left(\frac{1}{2},\ -3\right)$　　D. $\left(-\frac{1}{2},\ -3\right)$

(4) 经过点 $Q(7,\ -1)$，且斜率为-5 的直线的点斜式方程是(　　).

A. $y+1=-5(x-7)$

B. $y-1=-5(x+7)$

C. $y+7=-5(x-1)$

D. $y-7=-5(x+1)$

笔记

(5) 经过点 $A(-3,\ 5)$，且垂直于 y 轴的直线的方程是(　　).

A. $x=-3$　　B. $x=3$

C. $y=-5$　　D. $y=5$

2. 填空题.

(1) 已知直线的点斜式方程是 $y-\frac{1}{2}=3(x-1)$，则该直线的斜率 $k=$________，它所经过的一个点是________.

(2) 已知直线的点斜式方程是 $y=-4(x-3)$，则该直线的斜率 $k=$________，它所经过的一个点是________.

(3) 经过点 $P(-2,\ 8)$ 且斜率为 $\frac{1}{3}$ 的直线的点斜式方程是________________.

(4) 经过点 $A(3,\ -1)$ 且平行于 x 轴的直线的方程是____________，过点 A 且平行于 y 轴的直线的方程是____________.

3. 在平面直角坐标系中作出下列直线，并求出直线方程.

(1) 倾斜角为 $60°$，且经过点 $(0,\ -3)$.

(2) 倾斜角为 $90°$，且经过点 $(-2,\ 4)$.

(3) 倾斜角为 $135°$，且经过点 $(-1,\ 3)$.

6.3.2 直线的斜截式方程 >>>

问题提出

若直线 l 的斜率为 k，与 y 轴的交点是 $(0,\ b)$，那么该直线的方程如何表示呢?

分析理解

我们将点 $(0,\ b)$ 和 k 代入点斜式方程中，得到 $y-b=k(x-0)$. 化简可得

$$y=kx+b.$$

抽象概括

概念
直线的斜截式方程
直线的纵截距
直线的横截距

像这样的直线方程，叫作**直线的斜截式方程**.

在斜截式方程中，b 为直线 l 与 y 轴交点的纵坐标，我们把 b 称为直线 l 在 y 轴上的**截距**，也可称为**直线 l 的纵截距**，如图 6-18(a)所示.

同理，直线 l 与 x 轴交点的横坐标，我们称之为**直线 l 的横截距**，如图 6-18(b)所示.

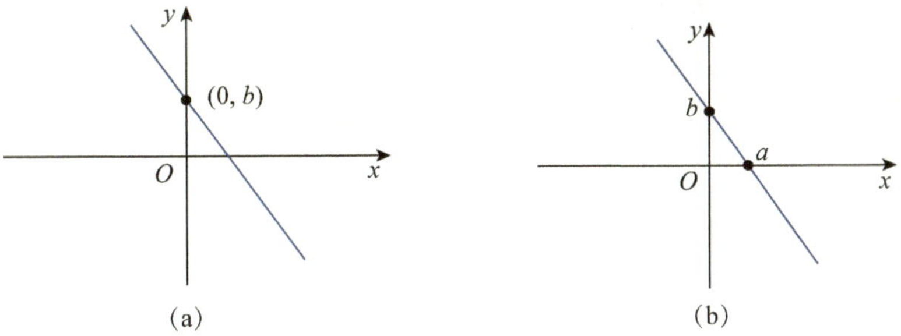

图 6-18

根据给定的直线方程，令 $y=0$ 可求得直线的横截距 a，令 $x=0$ 可求得直线的纵截距 b.

例 1 已知直线 l 的倾斜角为 $\frac{\pi}{4}$，纵截距是 -3，求直线 l 的方程.

分析 已知直线的倾斜角可求直线的斜率，因此可得直线的斜截式方程.

解 设直线 l 的斜率为 k，则 $k=\tan\frac{\pi}{4}=1$，纵截距 $b=-3$，故所求直线的方程为 $y=x-3$.

例 2 已知直线 l 经过点 $(0, 4)$，且倾斜角为 $60°$，求直线 l 的方程.

分析 已知直线的倾斜角可求直线的斜率，直线经过点 $(0, 4)$ 可知纵截距为 4，因此可得直线的斜截式方程.

解 设直线 l 的斜率为 k，则 $k=\tan 60°=\sqrt{3}$，纵截距 $b=4$，故所求直线的方程为 $y=\sqrt{3}x+4$.

例 3 已知直线 l 的方程为 $y=-2x+6$，求直线 l 的纵截距与横截距.

分析 已知直线的方程，令 $x=0$ 可求纵截距，令 $y=0$ 可求横截距.

解 令 $x=0$，则有 $y=6$；

令 $y=0$，则有 $-2x+6=0$，解得 $x=3$；

故直线 l 的纵截距为 6，横截距为 3.

例 4 已知直线 l 的纵截距为 2，横截距为 -2，求直线 l 的方程.

分析 已知直线的纵截距和横截距，可以求出直线的斜率，从而可得直线的斜截式方程.

解 因为直线 l 的纵截距为 2. 所以直线 l 过点 $(0, 2)$，又因为直线 l 的横截距为 -2，所以，直线 l 过点 $(-2, 0)$.

笔记

特别提示

直线的斜截式方程 $y=kx+b$ 与初中所学的一次函数 $y=kx+b\ (k\neq 0)$ 的形式相同，虽然出处不同，但其内涵却是一致的，这是几何与代数的完美交汇，这正是平面解析几何的魅力所在！

笔记

所以斜率 $k=\frac{2-0}{0-(-2)}=1$.

所以直线 l 的方程为

$$y=x+2.$$

合作交流

例 4 还有其他解法吗？同学相互交流.

随堂练习

1. 选择题.

(1) 斜率是 -2，纵截距是 1 的直线 l 的方程是(　　).

A. $y=2x+1$

B. $y=2x-1$

C. $y=-2x+1$

D. $y=-2x-1$

(2) 斜率是 3，且与 y 轴的交点是 $(0，-4)$ 的直线 l 的方程是(　　).

A. $y=3x+4$　　B. $y=3x-4$

C. $y=-3x+4$　　D. $y=-3x-4$

(3) 已知直线 l 的点斜式方程是 $y+5=-4(x-2)$，则它的斜截式方程是(　　).

A. $y=-4x+3$　　B. $y=4x+3$

C. $y=-4x+13$　　D. $y=4x-13$

2. 填空题.

(1) 直线 l 的方程是 $y=-2x+3$，则直线 l 的斜率 $k=$______，纵截距 $b=$______.

(2) 直线 l 的方程是 $y=3x-4$，则直线 l 的斜率 $k=$______，横截距为______.

(3) 直线 l 的方程是 $y=3x-6$，则直线 l 与坐标轴所围成的三角形的面积为______.

3. 已知直线 l 的横截距为 -3，纵截距为 2，求直线 l 的斜截式方程.

6.3.3　直线的一般式方程

问题提出

我们已经学过了直线的点斜式方程、斜截式方程以及 $k=0$ 和 k 不存在时的直线的方程，这些方程能否统一形式？

分析理解

可以发现，无论直线的方程是什么形式的，经过整理后都可以化为二元一次方程 $Ax+By+C=0$ 的形式.

例如，$y-5=-3(x-1)$ 可化为 $3x+y-8=0$ 的形式.

抽象概括

概念
直线的一般式方程

我们把方程 $Ax+By+C=0$（A，B 不同时为 0）叫作**直线的一般式方程.**

在平面直角坐标系内任何关于 x，y 的二元一次方程 $Ax+By+C=0$（A，B 不同时为 0）所表示的图像都是一条直线.

下文中，若无特殊说明，求直线的方程时其最终结果都要求化为一般式方程.

笔记

探究发现

直线的一般式方程 $Ax+By+C=0$（A，B 不同时为 0），随着系数 A，B，C 取值的变化可以表示不同的直线.

(1) 当 $A=0$，$B\neq0$ 时，直线具有什么特点？

(2) 当 $B=0$，$A\neq0$ 时，直线具有什么特点？

(3) 当 $A\cdot B\neq0$ 时，直线的斜率与纵截距分别是什么？

事实上，当 $A=0$，$B\neq0$ 时，直线的方程为 $y=-\frac{C}{B}$，该直线与 x 轴平行或重合；当 $B=0$，$A\neq0$ 时，直线的方程为 $x=-\frac{C}{A}$，该直线与 x 轴垂直；当 $A\cdot B\neq0$ 时，该直线的方程可转化为 $y=-\frac{A}{B}x-\frac{C}{B}$，直线的斜率为 $-\frac{A}{B}$，纵截距为 $-\frac{C}{B}$.

例 1　将直线 l 的方程 $y-2=-3(x+1)$ 转化为一般式方程，并分别求

笔记

出直线 l 的横截距和纵截距.

分析 本题要求理解直线 l 的横截距和纵截距的定义，横截距是直线与 x 轴交点的横坐标，纵截距是直线与 y 轴交点的纵坐标，可结合图形理解、记忆.

解 方程 $y-2=-3(x+1)$ 经过移项、合并，可得 $3x+y+1=0$，故直线 l 的一般式方程为 $3x+y+1=0$.

令 $y=0$，则 $x=-\frac{1}{3}$，故直线 l 的横截距为 $-\frac{1}{3}$；

令 $x=0$，则 $y=-1$，故直线 l 的纵截距为 -1.

例 2 已知直线的一般式方程，求直线的斜率和纵截距.

(1) $2x-3y-6=0$；　　(2) $3x+4y=0$.

分析 由直线的一般式方程求直线的斜率和纵截距，只要把一般式方程转化为斜截式方程即可，x 的系数就是斜率，常数项就是纵截距.

解 (1) 将方程 $2x-3y-6=0$ 移项，可得 $3y=2x-6$，

两边同除以 3，可得 $y=\frac{2}{3}x-2$.

因此，直线 $2x-3y-6=0$ 的斜率为 $\frac{2}{3}$，纵截距为 -2.

(2) 将方程 $3x+4y=0$ 移项，可得 $4y=-3x$，

两边同除以 4，可得 $y=-\frac{3}{4}x$.

因此，直线 $3x+4y=0$ 的斜率为 $-\frac{3}{4}$，纵截距为 0.

例 3 已知直线 l 与直线 $\sqrt{3}x-y-3=0$ 的倾斜角互补，且直线 l 在 x 轴上的横截距为 2，求直线 l 的方程.

分析 由已知直线的方程 $\sqrt{3}x-y-3=0$ 可求直线的斜率，进而可求出其倾斜角，直线 l 与已知直线的倾斜角互补，故可求得直线 l 的倾斜角，从而可求直线 l 的斜率. 又由直线 l 在 x 轴上的横截距为 2 可知直线 l 经过点 $(2,0)$，故可先求直线 l 的点斜式方程，再将其化为一般式方程.

解 直线 $\sqrt{3}x-y-3=0$ 的斜率 $k=-\frac{\sqrt{3}}{(-1)}=\sqrt{3}$，其倾斜角为 60°.

依题意可知，直线 l 的倾斜角为 120°，且经过点 $(2,0)$.

设直线 l 的斜率为 k_1，则 $k_1=\tan 120°=-\tan 60°=-\sqrt{3}$.

由直线的点斜式方程可得 $y-0=-\sqrt{3}(x-2)$.

化为一般式方程：$\sqrt{3}x+y-2\sqrt{3}=0$.

故所求直线 l 的方程为 $\sqrt{3}x+y-2\sqrt{3}=0$.

笔记

随堂练习

1. 选择题.

(1) 直线 l 的方程为 $3x-2y+8=0$，其斜率和纵截距分别为(　　).

A. $\frac{3}{2}$和 4　　B. $-\frac{3}{2}$和 4　　C. $\frac{2}{3}$和 4　　D. $\frac{3}{2}$和-4

(2) 斜率是-1，且与 y 轴的交点是$(0,3)$的直线 l 的一般式方程为(　　).

A. $y=-x+3$　　B. $x+y-3=0$

C. $x-y+3=0$　　D. $x+3y-1=0$

2. 填空题.

(1) 若直线的一般式方程为 $3x-2y-6=0$，则该直线的斜率为______，纵截距为______，横截距为________.

(2) 过点$(-2, 1)$且与 x 轴垂直的直线的一般式方程为____________；过点$(3, -5)$且与 x 轴平行的直线的一般式方程为____________.

(3) 直线 l 的横截距为 3，纵截距为-4，则直线 l 的一般式方程为____________.

习题 6.3

水平一

1. 已知直线 $y=-\frac{3}{2}x+2$，则其斜率为________，纵截距为________.

2. 直线 l 的一般式方程为 $2x+5y-3=0$，它的斜截式方程为________________，斜率为________，纵截距为________.

3. 已知一条直线的倾斜角为 30°，纵截距是$\frac{1}{2}$，求这条直线的方程.

4. 求经过点 $M(1, 6)$，且斜率为-4 的直线的方程.

5. 求经过点 $P(-1, 5)$，且倾斜角为 45°的直线的方程.

6. 已知直线经过点 $P_1(2, 1)$，$P_2(4, -3)$，求这条直线的方程.

7. 分别求经过点 $P(5, 1)$且与 x 轴平行的直线的方程和经过点 P 且与 y 轴平行的直线的方程.

笔记

水平二

1. 求经过点 $P(0,\ 7)$，且倾斜角为 $60°$ 的直线的点斜式方程、斜截式方程和一般式方程.

2. 求经过两点 $A(0,\ -2)$ 和 $B(4,\ 0)$ 的直线 l 的点斜式方程、斜截式方程和一般式方程.

3. 已知三点 $A(1,\ m)$，$B(5,\ 7)$，$C(-1,\ 1)$ 在同一条直线上，求 m 的值.

4. 已知 $\triangle ABC$ 的顶点坐标 $A(8,\ 5)$，$B(4,\ -2)$，$C(-6,\ 3)$，求 AC 边上的中线所在的直线的方程.

5. 直线 l 的方程为 $3x-2y-6=0$，求直线 l 与坐标轴所围成的三角形的面积.

6. 若直线 l_1 与 l_2 皆经过点 $P(0,\ 3)$，直线 l_1 的倾斜角为 $30°$，直线 l_2 的倾斜角为 $120°$，求直线 l_1，l_2 与 x 轴围成的三角形的面积.

6.4 两条相交直线的交点

问题提出

已知直线 l_1：$2x-y-3=0$ 与 l_2：$x+y-3=0$，如何求 l_1 与 l_2 的交点呢?

分析理解

在平面直角坐标系中，作出直线 l_1 和 l_2 的图像.（图 6-19）

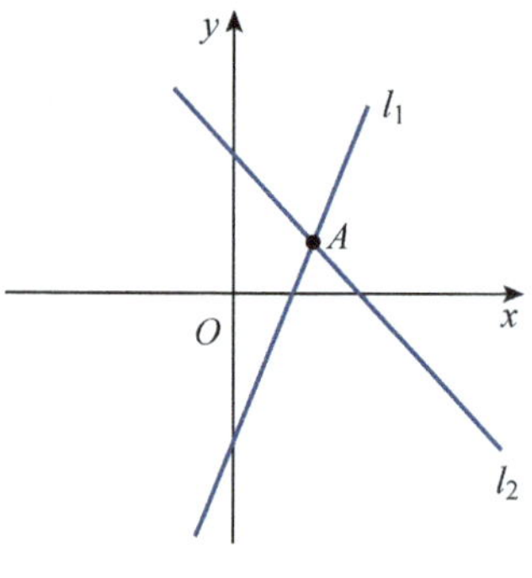

图 6-19

从图 6-19 中可以发现，直线 l_1 与 l_2 的交点 A 既在 l_1 上，又在 l_2 上，那么，点 A 的坐标既要满足方程 $2x-y-3=0$，又要满足方程 $x+y-3=0$，因此，方程组 $\begin{cases}2x-y-3=0,\\x+y-3=0\end{cases}$ 的解 $(2,\ 1)$ 就是直线 l_1 与直线 l_2 的交点 A 的坐标.

从而，求交点的问题就转化成了求解方程组的问题.

抽象概括

一般地，已知两条直线 l_1：$A_1x+B_1y+C_1=0$ 和 l_2：A_2x+B_2y+

笔记

$C_2=0$，若方程组

$$\begin{cases}A_1x+B_1y+C_1=0,\\A_2x+B_2y+C_2=0,\end{cases}$$

(1) 有唯一解，则直线 l_1 与 l_2 相交，交点的坐标就是方程组的解；

(2) 无解，则直线 l_1 与 l_2 无公共点，此时两条直线平行；

(3) 有无数解，则直线 l_1 与 l_2 重合.

例 1　求两条直线 l_1：$2x+y-5=0$ 与 l_2：$3x-2y-4=0$ 的交点.

解　解方程组 $\begin{cases}2x+y-5=0, & ①\\3x-2y-4=0. & ②\end{cases}$

由①×2+②，可得 $7x=14$，解得 $x=2$.

将 $x=2$ 代入①中，可得 $y=1$. 故直线 l_1 与直线 l_2 的交点为(2，1).

例 2　求直线 l：$3x-2y-12=0$ 与坐标轴的交点的坐标.

解　x 轴所在直线的方程为 $y=0$，y 轴所在直线的方程为 $x=0$.

解方程组 $\begin{cases}3x-2y-12=0,\\y=0,\end{cases}$　可得 $\begin{cases}x=4,\\y=0.\end{cases}$

解方程组 $\begin{cases}3x-2y-12=0,\\x=0,\end{cases}$　可得 $\begin{cases}x=0,\\y=-6.\end{cases}$

故直线 l 与坐标轴的交点为(4，0)和(0，−6).

例 3　为大力推进生态文明建设，践行绿水青山就是金山银山的理念，实施光伏治沙战略. 某地新成立一家光伏企业，每天生产某光伏产品的总成本 y(元)与该产品的产量 x(件)之间存在成本函数 $y=10x+4\ 000$，而该产品的出厂价格为每件 20 元. 若每天生产的产品均能售出，试问：该企业每天至少生产多少件该产品才不会亏本(求盈亏转折点)？

分析　所谓不亏本是指每天生产出的产品在全部售出的情况下，总产值与总成本相等；当总产值大于总成本时是盈利；当总产值小于总成本时是亏损.

解　依题意可知，每天出售产品的总产值为 $y=20x$，总成本为 $y=10x+4\ 000$.

它们的图像都是直线，如图 6-20 所示. 这两条直线相交，两条直线的交点就是盈亏转折点.

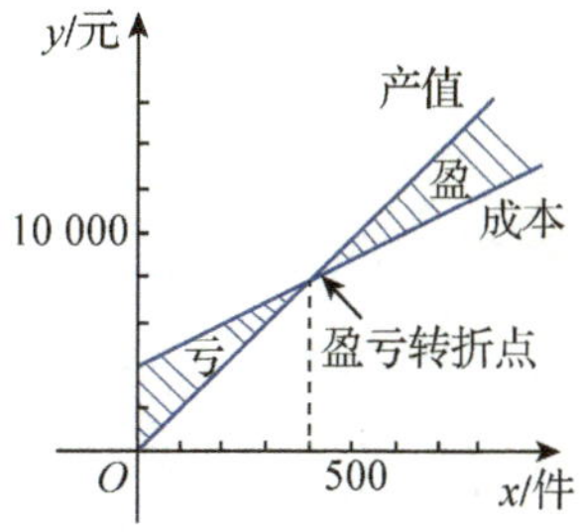

图 6-20

解方程组 $\begin{cases}y=20x,\\y=10x+4\ 000,\end{cases}$　可得 $\begin{cases}x=400,\\y=8\ 000.\end{cases}$

笔记

故该企业每天至少生产 400 件产品才不会亏本.

合作交流

试求直线 l_1：$3x+4y+1=0$ 与 l_2：$3x+4y+3=0$ 的交点，并画出图像. l_1 与 l_2 是什么关系？与同学交流讨论.

随堂练习

1. 填空题.

(1) 已知直线 $Ax-y+1=0$ 经过点 $M(2, 7)$，则 $A=$________.

(2) 已知直线 $y=3x-b$ 经过点 $P(-3, 6)$，则 $b=$________.

(3) 直线 $4x+2y-1=0$ 与 x 轴的交点的坐标是________，与 y 轴的交点的坐标是________.

(4) 直线 $x=0$ 和直线 $y=0$ 的交点的坐标是________.

2. 求直线 $x+2=0$ 和直线 $y+5=0$ 的交点的坐标.

3. 求直线 $x+y+2=0$ 与直线 $3x+4y-2=0$ 的交点的坐标.

习题 6.4

水平一

1. 求直线 $x+y-4=0$ 与直线 $4x-3y+5=0$ 的交点的坐标.

2. 求直线 $x-1=0$ 和直线 $y+4=0$ 的交点的坐标，并画图.

3. 求直线 $x+y=0$ 和直线 $x-y=0$ 的交点的坐标，并画图.

4. 求斜率为-2，且经过两条直线 $2x+3y-3=0$ 和 $x-y=0$ 的交点的直线的方程.

水平二

1. 求直线 $3x-4y+12=0$ 与坐标轴的交点的坐标，并求直线与两坐标轴所围成的三角形的面积.

2. 已知生产某产品的总成本 y(元)与该产品的产量 x(件)的关系为 $y=21x+450$，若每件产品的出厂价为 30 元，若生产的产品均能售出，试求生产该产品的盈亏转折点.

3. 当 λ 在实数范围内变化时，求方程 $(2+\lambda)x+(1-2\lambda)y+\lambda-8=0$ 所表示的直线恒经过的定点的坐标.

笔 记

6.5　两条直线平行的条件

问题提出

平面内不重合的两条直线只能有平行或相交两种位置关系．假设平面内不重合两条直线的斜率都存在，那么，如何判断两条直线是否平行呢？

知识回顾

如图 6-21 所示，若直线 l_1 与 l_2 平行，那么 α_1 与 α_2 是同位角，它们大小相等；反之，如果 α_1 与 α_2 相等，那么两条直线互相平行.

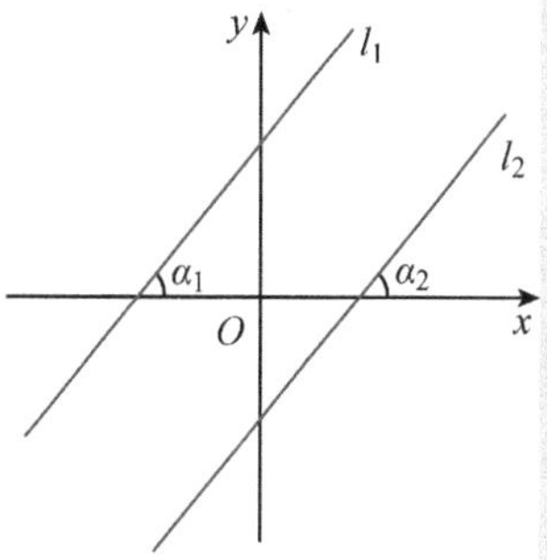

图 6-21

分析理解

假设两条斜率存在且相互平行的直线 l_1：$y=k_1x+b_1$ 和 l_2：$y=k_2x+b_2$，它们的倾斜角分别是 α_1 和 α_2，纵截距分别是 b_1 和 b_2，如图 6-22 所示.

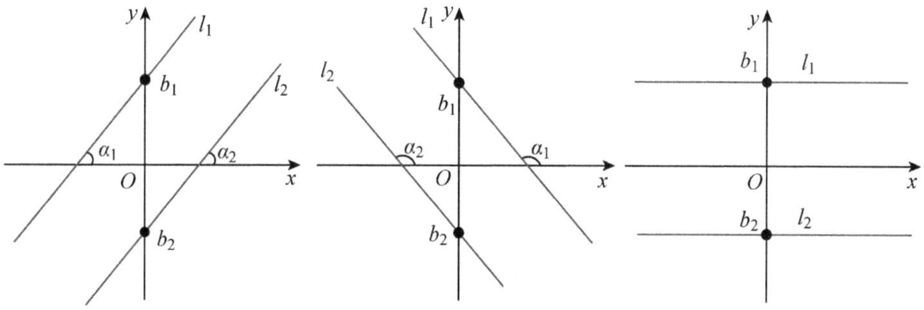

图 6-22

观察发现，当 $l_1/\!/l_2$ 时，一定有 $b_1\neq b_2$，$\alpha_1=\alpha_2$，所以 $\tan\alpha_1=\tan\alpha_2$，即 $k_1=k_2$.

反过来，若 $k_1=k_1(b_1\neq b_2)$，即 $\tan\alpha_1=\tan\alpha_2$，由于 $0°\leqslant\alpha_1<180°$，$0°\leqslant\alpha_2<180°$，所以 $\alpha_1=\alpha_2$，从而 $l_1/\!/l_2$.

笔记

抽象概括

已知直线 l_1：$y=k_1x+b_1$，l_2：$y=k_2x+b_2$.

则有

$$\boldsymbol{l_1 /\!/ l_2 \Leftrightarrow k_1=k_2 \text{ 且 } b_1 \neq b_2.}$$

特别地，l_1 与 l_2 重合$\Leftrightarrow k_1=k_2$ 且 $b_1=b_2$.

特别提示

当两条直线的斜率皆不存在(两直线皆与 x 轴垂直)时，这两条直线平行，如图 6-23 所示.

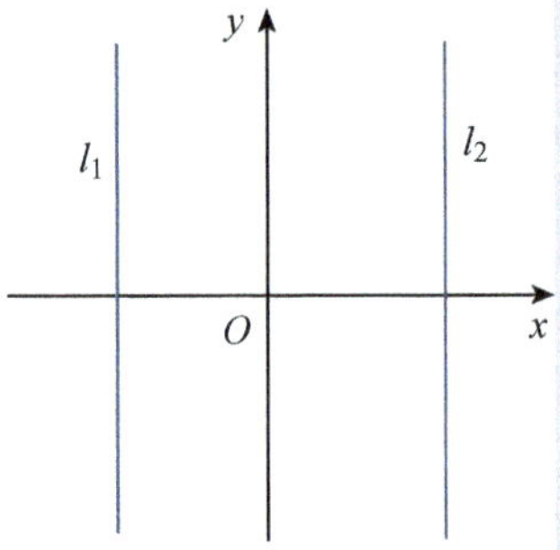

图 6-23

例 1 判断下列各组直线是否平行.

(1) l_1：$y=3x+1$，l_2：$y=3x-1$；

(2) l_1：$y=2x+3$，l_2：$y=-2x+3$；

(3) l_1：$y=2$，l_2：$y=-1$；

(4) l_1：$x=-3$，l_2：$x=0$.

解 (1) 依题意可知 $k_1=k_2=3$ 且 $b_1\neq b_2$，故 $l_1/\!/l_2$.

(2) 依题意可知 $k_1\neq k_2$，故 l_1 与 l_2 相交.

(3) 直线 l_1 与 l_2 都与 x 轴平行且不重合，故 $l_1/\!/l_2$.

(4) 直线 l_1 与 l_2 都与 x 轴垂直且不重合，故 $l_1/\!/l_2$.

合作交流

1. 平面内两条不相交的直线一定平行吗？
2. 平面内两条平行直线的斜率一定相等，这种说法对吗？
3. 平面内两条平行直线的倾斜角一定相等，这种说法对吗？
4. 平面内两条直线平行与两条直线重合的相同点和不同点是什么？

请把你的想法与同学进行交流.

笔 记

归纳总结

当两条直线的斜率都存在时，可以利用两条直线的斜率和纵截距来判断两条直线的位置关系．设直线 l_1 的方程为 $y=k_1x+b_1$，l_2 的方程为 $y=k_2x+b_2$，则 l_1 与 l_2 的位置关系见表 6-1.

表 6-1

两个方程的系数关系	$k_1 \neq k_2$	$k_1=k_2$	
		$b_1 \neq b_2$	$b_1=b_2$
l_1 与 l_2 的位置关系	相交	平行	重合

例 2　已知直线 l 经过点 $P(3,\ -2)$，且与直线 $y=2x+1$ 平行，求直线 l 的方程.

解　依题意可设直线 l 的方程为 $y=2x+b$，将点 $P(3,\ -2)$ 代入方程中，可得

$$2\times3+b=-2,\ b=-8.$$

则直线 l 的方程为 $y=2x-8$.

化为一般式方程，可得 $2x-y-8=0$.

例 3　已知直线 l 经过点 $P(3,\ -2)$，且与直线 $3x-2y+5=0$ 平行，求直线 l 的方程.

分析　由点斜式方程可知，本题的关键在于求直线 l 的斜率 k，而直线 l 的斜率 k 与直线 $3x-2y+5=0$ 的斜率相等，故需先求出直线 $3x-2y+5=0$ 的斜率.

解　直线 $3x-2y+5=0$ 的斜率为 $-\dfrac{3}{(-2)}=\dfrac{3}{2}$.

所以直线 l 的斜率也为 $\dfrac{3}{2}$.

由点斜式方程可得 $y-(-2)=\dfrac{3}{2}(x-3)$.

化为一般式方程，可得直线 l 的方程为 $3x-2y-13=0$.

例 4　判断下列各组直线的位置关系.

(1) l_1：$3x+y-1=0$，l_2：$3x-y+5=0$；

(2) l_1：$2x+y-3=0$，l_2：$4x+2y-5=0$；

(3) l_1：$x-2y+1=0$，l_2：$3x-6y+3=0$.

解　(1)直线 l_1，l_2 的方程分别可化为

笔记

l_1：$y=-3x+1$，l_2：$y=3x+5$.

则 $k_1=-3$，$b_1=1$，$k_2=3$，$b_2=5$.

因为 $k_1\neq k_2$，所以 l_1 与 l_2 是相交直线.

(2) 直线 l_1，l_2 的方程可化为

l_1：$y=-2x+3$，l_2：$y=-2x+\frac{5}{2}$.

则 $k_1=-2$，$b_1=3$，$k_2=-2$，$b_2=\frac{5}{2}$.

因为 $k_1=k_2$，且 $b_1\neq b_2$，所以 $l_1/\!/l_2$.

(3) 直线 l_1，l_2 的方程可化为

l_1：$y=\frac{1}{2}x+\frac{1}{2}$，$l_2$：$y=\frac{3}{6}x+\frac{3}{6}$.

因为 $k_1=k_2$ 且 $b_1=b_2$，所以 l_1 与 l_2 重合.

合作交流

设直线 l_1：$A_1x+B_1y+C_1=0$，l_2：$A_2x+B_2y+C_2=0$，试讨论 l_1 与 l_2 的位置关系．同学相互交流.

随堂练习

1. 选择题.

(1) 经过点(2，1)且与直线 $y=2x-1$ 平行的直线的方程是(　　).

A. $y=4x-2$　　B. $y=2x-3$

C. $y=-2x+5$　　D. $y=\frac{1}{2}x-1$

(2) 下列方程所表示的直线与直线 $2x+y-1=0$ 平行的是(　　).

A. $2x-y+1=0$　　B. $4x+2y-2=0$

C. $4x+2y+3=0$　　D. $x+2y-3=0$

(3) 下列方程所表示的直线与直线 $x-1=0$ 平行的是(　　).

A. $2x+1=0$　　B. $y-2=0$

C. $x+y-1=0$　　D. $x-y+1=0$

2. 填空题.

(1) 如果两条直线平行且倾斜角不为 90°，那么它们的斜率__________；反之，斜率相等(但纵截距不相等)的两条直线__________.

(2) 若直线 l：$2x-y+2=0$ 与 l：$Ax+2y-3=0$ 平行，则 $A=$__________.

(3) 已知直线 l_1：$y=kx+1$ 与 l_2：$y-2x+1=0$，当 $k=$________时，$l_1 /\!/ l_2$.

(4) 已知直线 l_1：$y=\frac{1}{3}x-4$ 与 l_2：$8x+By+C=0$，当 $B=$________，$C=$________时，l_1 与 l_2 重合.

笔 记

习题 6.5

水平一

1. 判断下列各组直线是否平行.

(1) l_1：$y=2x-1$，l_2：$y=3-2x$.

(2) l_1：$y=2x-1$，l_2：$2x-y-3=0$.

(3) l_1：$y=\frac{2}{3}x$，l_2：$2x-3y-1=0$.

(4) l_1：$2x+4y-4=0$，l_2：$y=-\frac{1}{2}x+1$.

2. 已知直线 l 经过点 $P(0, -1)$，且与直线 $y=-2x+3$ 平行，求直线 l 的方程.

3. 已知直线 l 经过点 $P(-2, 1)$，且与直线 $2x-y-3=0$ 平行，求直线 l 的方程.

4. 已知直线 l_1：$y=2x-1$ 与直线 l_2：$(m+1)x-2y-3=0$ 平行，求 m 的值.

水平二

1. 判断下列各组直线是否平行.

(1) 直线 l_1 的斜率为 2 且经过点 $P(1, 0)$，直线 l_2 经过点 $A(1, 2)$ 和 $B(3, 6)$.

(2) 直线 l_1 经过点 $P(2, 2)$ 和 $Q(-3, 2)$，直线 l_2 经过点 $A(3, -1)$ 且平行于 x 轴.

(3) 直线 l_1 与直线 $2x-y-3=0$ 平行，直线 l_2 与直线 $4x-2y+5=0$ 平行.

2. 过点 $A(m, 1)$ 和 $B(-1, m)$ 的直线与过点 $P(1, 2)$ 和 $Q(-5, 0)$ 的直线平行，求 m 的值.

笔记

3. 已知直线 l_1：$(\lambda+1)x-y+2=0$ 与直线 l_2：$4x+(2-\lambda)y-3=0$ 平行，求 λ 的值.

4. 如图所示，已知平行四边形 $ABCD$ 的四个顶点分别为 $A(0,0)$，$B(2,-1)$，$C(m,2)$，$D(2,n)$，求 m 与 n 的值.

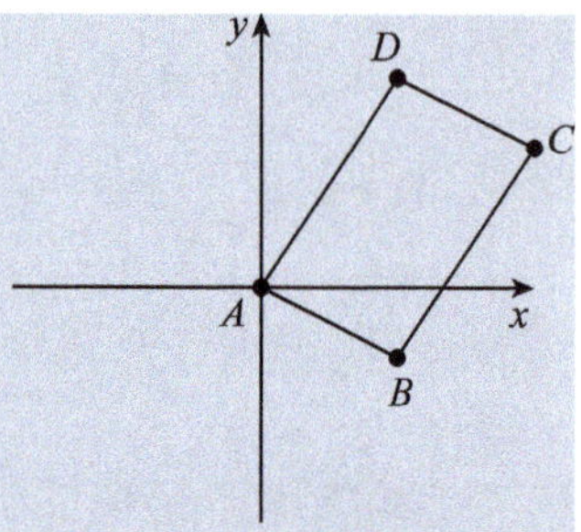

第 4 题图

6.6 两条直线垂直的条件

问题提出

两条直线垂直是直线相交的一种特殊情况．相互垂直的两条直线，斜率之间有什么关系呢?

想一想：直线 l_1：$y=\sqrt{3}x+2$ 和直线 l_2：$y=-\frac{\sqrt{3}}{3}x+3$ 是否垂直?

分析理解

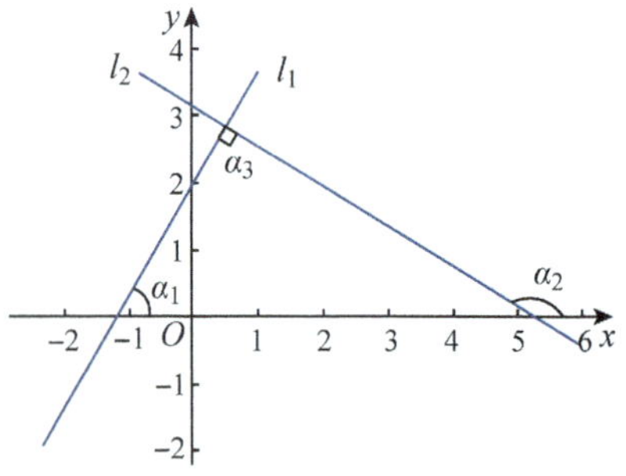

图 6-24

直线 l_1：$y=\sqrt{3}x+2$ 的斜率为 $k_1=\sqrt{3}$，对应倾斜角为 $\alpha_1=60°$；直线 l_2：$y=-\frac{\sqrt{3}}{3}x+3$ 的斜率为 $k_2=-\frac{\sqrt{3}}{3}$，对应倾斜角为 $\alpha_2=150°$．两条直线的位置如图 6-24 所示.

l_1 与 l_2 所成角 $\alpha_3=\alpha_2-\alpha_1=150°-60°=90°$，所以直线 l_1 与 l_2 垂直.

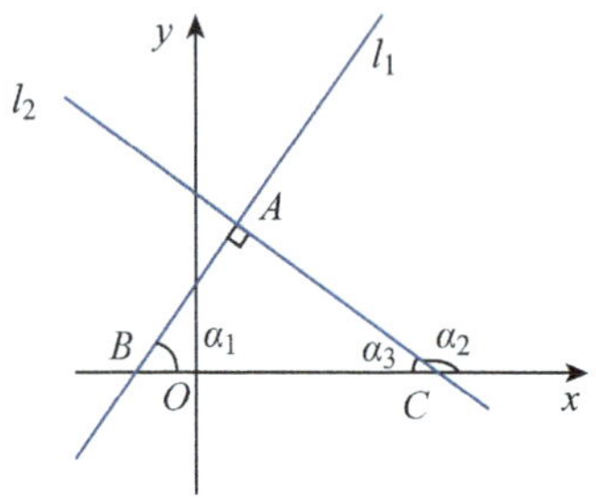

图 6-25

一般地，如果两条直线的斜率都存在，如图 6-25 所示，设直线 l_1 的方程为 $y=k_1x+b_1$，直线 l_2 的方程为 $y=k_2x+b_2$，直线 l_1 与直线 l_2 的斜率分别为 k_1 和 k_2，倾斜角分别为 α_1，α_2．若 $l_1\perp l_2$，可以得到 $\alpha_2=\alpha_1+90°$，$\alpha_3=90°-\alpha_1$，因为△ABC 为直角三角形，所以

$$k_1=\tan\alpha_1=\frac{|AC|}{|AB|},$$

$$k_2=\tan\alpha_2=\tan(180°-\alpha_3)=-\tan\alpha_3=-\frac{|AB|}{|AC|}.$$

故 $k_1\cdot k_2=-\frac{|AC|}{|AB|}\cdot\frac{|AB|}{|AC|}=-1.$

其他情况可仿照证明，且以上过程可以逆推，即若 $k_1 \cdot k_2=-1$，则 $l_1 \perp l_2$.

直线 l_1：$y=\sqrt{3}x+2$ 和直线 l_2：$y=-\frac{\sqrt{3}}{3}x+3$ 的斜率乘积为$\sqrt{3} \times \left(-\frac{\sqrt{3}}{3}\right)=-1$，满足 $k_1 \cdot k_2=-1$，所以它们是垂直的.

抽象概括

一般地，当直线 l_1 与 l_2 垂直且斜率都存在时，它们的斜率有这样的关系：$k_1 \cdot k_2=-1$. 反之，如果 $k_1 \cdot k_2=-1$，那么直线 l_1 与 l_2 垂直，即

$$\boldsymbol{l_1 \perp l_2 \Leftrightarrow k_1 \cdot k_2=-1.}$$

特别地，观察图 6-26，可以看出斜率为 0 的直线与斜率不存在的直线互相垂直，即当 k_1，k_2 中有一个不存在时，不妨设 k_1 不存在，则 l_1 垂直于 x 轴，l_2 与 l_1 垂直，则 l_2 平行于 x 轴，从而 $k_2=0$.

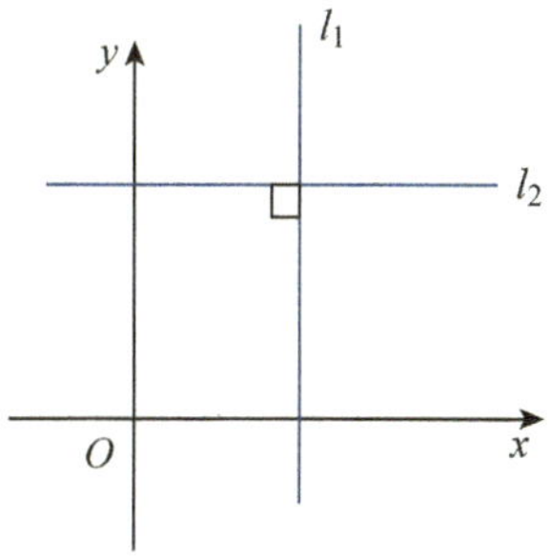

图 6-26

例 1　判断下列各组直线是否垂直：

(1) l_1：$y=3x+5$，l_2：$y=-\frac{1}{3}x-1$.

(2) l_1：$y=2x+1$，l_2：$x-2y+1=0$.

(3) l_1：$2x-3y-6=0$，l_2：$6x+4y-3=0$.

解　(1) 直线 l_1 的斜率 $k_1=3$，直线 l_2 的斜率 $k_2=-\frac{1}{3}$.

因为 $k_1 \cdot k_2=3\times(-\frac{1}{3})=-1$，所以 l_1与 l_2 垂直.

(2) 直线 l_1 的斜率 $k_1=2$，直线 l_2 的斜率 $k_2=\frac{1}{2}$.

因为 $k_1 \cdot k_2=2\times\frac{1}{2}=1\neq-1$，所以 l_1 与 l_2 不垂直.

(3) 直线 l_1 的斜率 $k_1=\frac{2}{3}$，直线 l_2 的斜率 $k_2=-\frac{3}{2}$.

因为 $k_1 \cdot k_2=\frac{2}{3}\times(-\frac{3}{2})=-1$ ，所以 l_1与 l_2 垂直.

例 2　求过点 $M(-1,\ -2)$且垂直于直线 $3x-2y+1=0$ 的直线的方程.

解　已知直线 $3x-2y+1=0$ 的斜率 $k_1=\frac{3}{2}$，所以，所求直线的斜率

笔记

笔记

$$k_2=-\frac{1}{k_1}=-\frac{2}{3}.$$

根据点斜式方程，所求直线的方程为 $y+2=-\frac{2}{3}(x+1)$，即

$$2x+3y+8=0.$$

合作交流

设直线 l_1：$A_1x+B_1y+C_1=0$，l_2：$A_2x+B_2y+C_2=0$，A_1，B_1，A_2，B_2 均不为 0. 讨论 l_1 与 l_2 何时垂直. 同学相互交流.

随堂练习

1. 填空题.

(1) 如果两条直线垂直且斜率都存在，那么它们的斜率乘积为______；反之，斜率乘积等于−1 的两条直线________.

(2) 已知直线 $y=-\frac{1}{3}x+2$ 和直线 $y=kx+2$. 若这两条直线垂直，则 $k=$________________.

(3) 已知直线 $Ax+2y=0$ 和直线 $2x+3y=0$. 当 $A=$____________时，这两条直线垂直.

2. 选择题.

(1) 直线 $3x+By-1=0$ 与直线 $2x-y-3=0$ 垂直，则 B 的值为（　　）.

A. 6　　B. −6　　C. −5　　D. 5

(2) 直线 $3x+5y-1=0$ 与直线 $Ax-2y+3=0$ 垂直，则 A 的值为（　　）.

A. $\frac{5}{6}$　　B. $-\frac{5}{6}$

C. $\frac{10}{3}$　　D. $-\frac{6}{5}$

3. 求过点 $M(1,\ 2)$ 且与直线 $y=2x-1$ 垂直的直线的方程.

4. 求过点 $M(-1,\ 1)$ 且与直线 $x-3y-5=0$ 垂直的直线的方程.

习题 6.6

笔记

水平一

1. 直线 $2x-y-3=0$ 的斜截式方程为____________________，斜率是______，在 y 轴上的纵截距为__________.

2. 判断下列各组直线的位置关系(平行、垂直、重合).

(1) l_1：$2x-3y+1=0$，l_2：$4x-6y+2=0$.

(2) l_1：$3x+4y-2=0$，l_2：$4x-3y+1=0$.

(3) l_1：$x-5y+4=0$，l_2：$2x-10y-9=0$.

3. 求过原点 $O(0, 0)$ 且与直线 $5x-3y+13=0$ 平行的直线的方程.

4. 求过原点 $O(0, 0)$ 且与直线 $x+7y-11=0$ 垂直的直线的方程.

5. 求经过点 $P(-1, 4)$ 且与直线 $4x+3y-7=0$ 平行的直线的方程.

6. 求经过点 $M(1, -3)$ 且与直线 $3x-y+7=0$ 垂直的直线的方程.

水平二

1. 填空题.

(1) 若直线 $y=mx-7$ 与直线 $2x-y+1=0$ 平行，则 m 的值为________.

(2) 若直线 $mx+3y+1=0$ 与直线 $2x+(m+1)y+1=0$ 垂直，则 m 的值为________.

2. 判断下列各组直线的位置关系(平行、重合、垂直、相交但不垂直).

(1) l_1：$y=4x$，l_2：$2x+8y-11=0$.

(2) l_1：$2x-3y=5$，l_2：$4x-6y+3=0$.

(3) l_1：$3x+7y-12=0$，l_2：$6x+14y-24=0$.

(4) l_1：$y=5x-1$，l_2：$y=\frac{1}{5}x-1$.

(5) l_1：$x+y=1$，l_2：$3x-3y=4$.

3. 求过点 $P(\frac{1}{2}, -5)$ 且与直线 $2x-y+2=0$ 平行的直线的方程.

4. 求过点 $M(-1, 4)$ 且与直线 $5x+4y-13=0$ 垂直的直线的方程.

6.7 点到直线的距离公式

问题提出

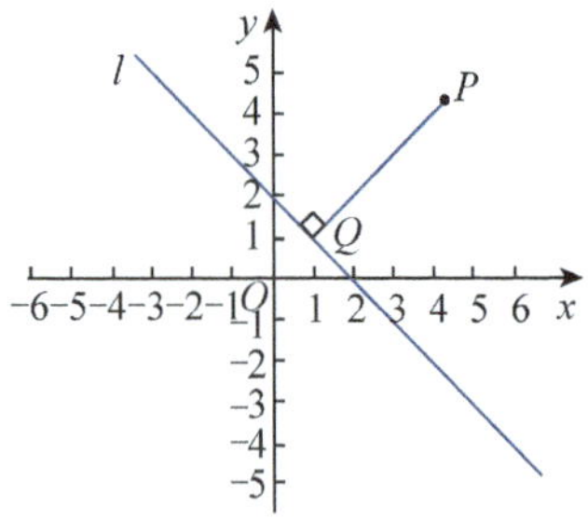

图 6-27

在平面直角坐标系中，点 $P(4,\ 4)$ 不在直线 l：$x+y-2=0$ 上，过点 P 作直线 l 的垂线，垂足为 Q，如图 6-27 所示．则线段 PQ 的长称为点 P 到直线 l 的距离．那么，这个距离怎样求？

分析理解

由已知可求得线段 PQ 所在的直线的方程为 $x-y=0$.

解方程组 $\begin{cases} x+y-2=0, \\ x-y=0, \end{cases}$ 可得垂足 Q 的坐标为 $(1,\ 1)$.

根据两点间的距离公式，点 P 到直线 l 的距离

$$|PQ|=\sqrt{(4-1)^2+(4-1)^2}=3\sqrt{2}.$$

合作交流

观察图 6-27，你能否在不求出垂足 Q 的坐标的情况下，计算出点 P 到直线 l 的距离？

提示：可过点 P 分别作 x 轴、y 轴的垂线交直线 l 于点 A，B，利用直角三角形的面积公式可得 $S_{\triangle PAB}=\frac{1}{2}|PA|\cdot|PB|=\frac{1}{2}|AB|\cdot d$（其中 d 为点 P 到直线 l 的距离），可求出 d，你能试一试吗？

抽象概括

> 概念
> 点到直线的距离公式

在平面直角坐标系中，已知点 $P(x_0,\ y_0)$ 和直线 l：$Ax+By+C=0$，则点 P 到直线 l 的距离 d 可以通过“分析理解”中的方法推导和计算，可以得到

$$d=\frac{|Ax_0+By_0+C|}{\sqrt{A^2+B^2}}.$$

上述公式叫作**点到直线的距离公式**．比如，“问题提出”中的距离可直接计算

$$d=\frac{|4+4-2|}{\sqrt{1^2+1^2}}=\frac{6}{\sqrt{2}}=3\sqrt{2}.$$

笔记

例 1　求点 $P(-1,\ 2)$到直线 l：$2x+y-5=0$ 的距离.

分析　本题是对点到直线的距离公式的直接应用，只需确定公式中 x_0，y_0，A，B，C 的值，代入公式中计算即可.

解　将 $x_0=-1$，$y_0=2$，$A=2$，$B=1$，$C=-5$ 代入点到直线的距离公式中，得

$$d=\frac{|2\times(-1)+2-5|}{\sqrt{2^2+1^2}}=\sqrt{5}.$$

例 2　求点 $P(-2,\ 3)$到直线 l：$x=4$ 的距离.

分析　本题是对点到直线的距离公式的直接应用，需要先将直线的方程转化为一般式方程，明确公式中 x_0，y_0，A，B，C 的值，再代入公式中计算即可.

解　依题意可得 $x_0=-2$，$y_0=3$，将直线 l 的方程转化为一般式方程 $x-4=0$，可得 $A=1$，$B=0$，$C=-4$，将其代入点到直线的距离公式中，得

$$d=\frac{|1\times(-2)+0\times3-4|}{\sqrt{1^2+0^2}}=6.$$

例 3　已知点 $P(a,\ -1)$到直线 $x+2y-8=0$ 的距离等于$\sqrt{5}$，求 a 的值.

解　根据点到直线的距离公式得

$$d=\frac{|a+2\times(-1)-8|}{\sqrt{1^2+2^2}}=\sqrt{5},$$

化简得 $|a-10|=5$，

所以 $a-10=5$ 或 $a-10=-5$，即 $a=15$ 或 $a=5$.

例 4　求平行直线 l_1：$3x-4y-12=0$ 和 l_2：$3x-4y+6=0$ 之间的距离.

解　两条平行直线间的距离与一条平行线上的任意一点到另一条平行线的距离相等. 因此在直线 l_1 上取一点 $P(4,\ 0)$，则两条平行直线间的距离等于点 P 到直线 l_2 的距离.

$$d=\frac{|3\times4-4\times0+6|}{\sqrt{3^2+4^2}}=\frac{18}{5},$$

笔记

即平行直线 l_1 与 l_2 之间的距离为$\frac{18}{5}$.

随堂练习

填空题.

(1) 点 $P(1, -2)$到直线 $4x-3y-5=0$ 的距离为__________.

(2) 点 $Q(-1, 1)$到直线 $3x-4y=0$ 的距离为__________.

(3) 点 $P(1, 3)$到直线 $x+2=0$ 的距离为__________.

(4) 点 $M(-5, 2)$到直线 $y=3$ 的距离为__________.

(5) 点 $A(6, y)$到直线 $3x-4y-3=0$ 的距离为 5，则 y 的值为__________.

习题 6.7

水平一

1. 求点 $P(2, -1)$到直线 $3x-4y+5=0$ 的距离.
2. 求点 $P(-1, 3)$到直线 $y+2=0$ 的距离.
3. 已知点$(m, 0)$到直线 $x+y-3=0$ 的距离为$\sqrt{2}$，求 m 的值.
4. 已知点 $P(-1, 2)$到直线 $2x+y+C=0$ 的距离为$\sqrt{5}$，求 C 的值.

水平二

1. 已知点 $P(a, 0)$到直线 $2x-3y=5$ 的距离为$\sqrt{13}$，求 a 的值.
2. 求两条平行直线 $3x-4y+2=0$ 与 $3x-4y-13=0$ 之间的距离.
3. 已知两条平行直线 $2x-y+1=0$ 和 $2x-y+C=0$ 之间的距离为 $2\sqrt{5}$，求 C 的值.

6.8 圆的方程

在中华民族传统文化中圆是一种重要的形态，它象征着“圆满”和“饱满”. 在我们日常生活中，圆形的物体随处可见，如天上的太阳、汽车的轮胎、盘子、艺术体操运动员手中的圆环等. 人们之所以制造出那么多的圆形物体，除了追求视觉上的美观外，更重要的是圆具有很多特别有用的性质.

6.8.1 圆的标准方程

笔记

问题提出

我们知道点可以用坐标来表示，直线可以用二元一次方程来表示，那么圆的代数形式是什么？

分析理解

我们知道，当圆心和半径确定时，圆的大小和位置就确定了. 因此，圆心和半径是确定圆的最基本的要素.

例如，圆心为 $C(1, 2)$，半径为 3 的圆，圆的大小和位置都被圆心和半径确定了. 设 $M(x, y)$ 为圆上任意一点，根据圆的意义，圆上任意一点到圆心的距离为 3，则 $|MC|=3$，即 $\sqrt{(x-1)^2+(y-2)^2}=3$，化简可得 $(x-1)^2+(y-2)^2=9$.

一般地，如图 6-28 所示，设圆心为 $C(a, b)$，半径为 r，点 $M(x, y)$ 是圆上任意一点，则点 M 满足

$$|CM|=r.$$

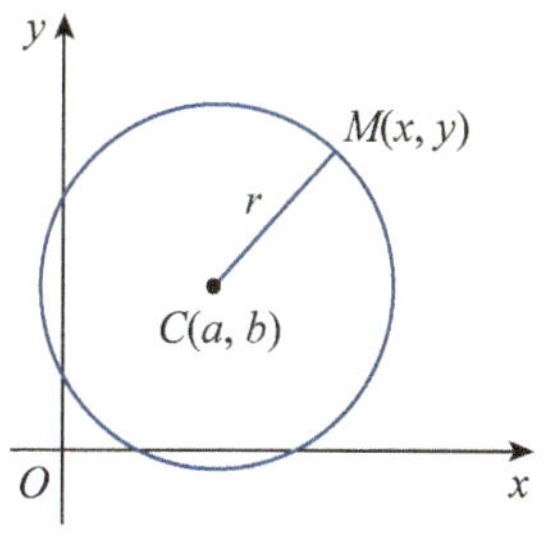

图 6-28

由两点间的距离公式得 $\sqrt{(x-a)^2+(y-b)^2}=r$.

两边平方可得

$$(x-a)^2+(y-b)^2=r^2.$$

若点 $M(x, y)$ 在圆上，则点 M 的坐标满足上面的方程，反之若点 M 的坐标满足上面的方程，则点 M 到点 C 的距离为 r，即点 M 在以点 C 为圆心，r 为半径的圆上. 这样圆和方程就形成了对应关系.

抽象概括

一般地，我们把方程

$$(x-a)^2+(y-b)^2=r^2$$

叫作以 (a, b) 为圆心，以 r 为半径的圆的方程，称为**圆的标准方程.**

概念
圆的标准方程

特别地，当 $a=0$，$b=0$ 时，即圆心为原点时，圆的方程为

$$x^2+y^2=r^2.$$

例 1 根据下列圆的方程，确定圆心坐标和半径.

(1) $(x-2)^2+y^2=9$；

(2) $(x+1)^2+(y-3)^2=10$.

解 (1) 圆心坐标为$(2, 0)$，半径 $r=3$.

(2) 圆心坐标为$(-1, 3)$，半径 $r=\sqrt{10}$.

例 2 写出圆心为 $C(2, -1)$，半径 $r=3$ 的圆的方程，并作图.

解 将 $a=2$，$b=-1$，$r=3$ 代入圆的标准方程中，得

$$(x-2)^2+[y-(-1)]^2=3^2.$$

整理得圆的标准方程为$(x-2)^2+(y+1)^2=9$，如图 6-29 所示.

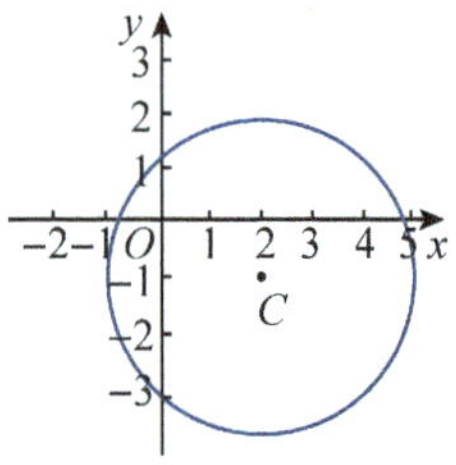

图 6-29

例 3 求以点 $C(1, 2)$为圆心且过点 $A(-1, 0)$的圆的方程，并判断点 $M(-3, 3)$，$N(2, 1)$和 $Q(3, 0)$是在圆上、圆内还是在圆外.

分析 一个点与圆的位置关系，取决于该点到圆心的距离 d 与圆的半径 r 之间的关系．点在圆外$\Leftrightarrow d>r$；点在圆上$\Leftrightarrow d=r$；点在圆内$\Leftrightarrow d<r$.

解 半径 $r=|CA|=\sqrt{(-1-1)^2+(0-2)^2}=2\sqrt{2}$.

所以圆的标准方程为$(x-1)^2+(y-2)^2=8$.

分别计算 $M(-3, 3)$，$N(2, 1)$和 $Q(3, 0)$到圆心的距离，得

$|CM|=\sqrt{(-3-1)^2+(3-2)^2}=\sqrt{17}>2\sqrt{2}$，所以点 M 在圆外；

$|CN|=\sqrt{(2-1)^2+(1-2)^2}=\sqrt{2}<2\sqrt{2}$，所以点 N 在圆内；

$|CQ|=\sqrt{(3-1)^2+(0-2)^2}=\sqrt{8}=2\sqrt{2}$，所以点 Q 在圆上.

笔 记

随堂练习

1. 求出下列圆的圆心和半径.

(1) $x^2+(y-1)^2=3$；

(2) $(x+2)^2+(y+3)^2=9$；

(3) $x^2+y^2-5=0$.

2. 根据下列条件写出圆的标准方程.

(1) 圆心$(-1, 2)$，半径为$\sqrt{3}$；

(2) 圆心为$(3, 1)$且过坐标原点；

(3) 圆心为直线 $x-y=0$ 和 $x-2y-6=0$ 的交点，半径为 5.

6.8.2　圆的一般方程

笔记

问题提出

方程$(x-2)^2+y^2=9$表示圆心为(2，0)，半径为3的圆，将此方程展开、移项可得$x^2+y^2-4x-5=0$，也就是说二元二次方程$x^2+y^2-4x-5=0$表示的是圆心为(2，0)，半径为3的圆.

方程$x^2+y^2+2x-4y+1=0$表示什么图形？方程$x^2+y^2+2x-4y+7=0$表示什么图形呢？

二元二次方程$x^2+y^2+Dx+Ey+F=0$要满足什么条件，才能是一个圆的方程？

分析理解

将方程$x^2+y^2+2x-4y+1=0$配方，得$(x+1)^2+(y-2)^2=4$，所以它表示以(-1，2)为圆心，半径为2的圆.

将方程$x^2+y^2+2x-4y+7=0$配方，得$(x+1)^2+(y-2)^2=-2$，所以它不表示任何图形.

形如$x^2+y^2+Dx+Ey+F=0$的二元二次方程，通过配方法可变形为

$$\left(x+\frac{D}{2}\right)^2+\left(y+\frac{E}{2}\right)^2=\frac{D^2+E^2-4F}{4}.$$

当$D^2+E^2-4F>0$时，该方程表示以$\left(-\frac{D}{2},\ -\frac{E}{2}\right)$为圆心，半径$r=\frac{\sqrt{D^2+E^2-4F}}{2}$的圆；

当$D^2+E^2-4F<0$时，该方程无意义，不表示任何图形；

当$D^2+E^2-4F=0$时，该方程表示一个点$\left(-\frac{D}{2},\ -\frac{E}{2}\right)$.

抽象概括

一般地，当$D^2+E^2-4F>0$时，我们把方程

$$x^2+y^2+Dx+Ey+F=0$$

称为**圆的一般方程**，圆心坐标为$\left(-\frac{D}{2},\ -\frac{E}{2}\right)$，半径$r=\frac{\sqrt{D^2+E^2-4F}}{2}$.

概念
圆的一般方程

笔记

例 1 求下列各圆的圆心坐标和半径.

(1) $x^2+y^2-6y=0$；　　(2) $2x^2+2y^2+8x-16y=0$.

解 (1) 方法一：由圆的一般方程可知 $D=0$，$E=-6$，$F=0$，计算可得$-\dfrac{D}{2}=0$，$-\dfrac{E}{2}=3$，$\dfrac{\sqrt{D^2+E^2-4F}}{2}=\dfrac{\sqrt{0+36-0}}{2}=3$.

所以圆心为(0，3)，半径为 3.

方法二：将圆的一般方程化成标准方程.

$x^2+y^2-6y=0$ 可化为 $x^2+(y-3)^2=9$.

所以圆心为(0，3)，半径为 3.

(2) 原方程可化简为 $x^2+y^2+4x-8y=0$，即$(x+2)^2+(y-4)^2=20$.

所以圆心为(−2，4)，半径为 $r=\sqrt{20}=2\sqrt{5}$.

例 2 求圆心与圆 $x^2+y^2-6x+8y-11=0$ 的圆心相同，半径为 4 的圆的方程.

解 将方程 $x^2+y^2-6x+8y-11=0$ 配方，得 $(x-3)^2+(y+4)^2=36$.

可知圆心坐标为(3，−4)，故所求圆的圆心坐标也为(3，−4)，半径为 4.

因此，所求圆的方程为$(x-3)^2+(y+4)^2=16$.

例 3 已知一个圆满足：圆心与$(x-2)^2+(y-3)^2=11$ 的圆心相同，半径是圆 $x^2+y^2-2x-4y+1=0$ 的半径的两倍. 求这个圆的方程.

解 $(x-2)^2+(y-3)^2=11$ 的圆心为(2，3).

将方程 $x^2+y^2-2x-4y+1=0$ 配方，得$(x-1)^2+(y-2)^2=4$，半径为 $r=2$.

所以，所求圆的圆心为(2，3)，半径为 4，方程为

$$(x-2)^2+(y-3)^2=16.$$

随堂练习

1. 填空题.

(1) 圆 $x^2+y^2-3x=0$ 的圆心坐标为________，半径为________；

(2) 圆 $x^2+y^2-2x+6y=0$ 的圆心坐标为________，半径为________；

(3) 圆 $x^2+y^2-6x+8y-11=0$ 的周长为________，面积为________；

(4) 圆 $x^2+y^2-2y=0$ 的圆心与圆 $x^2+y^2-16x+6y=0$ 的圆心之间的距离为________.

2. 求半径与圆 $x^2+y^2+2x+2y=0$ 的半径相同，且圆心为$(-2, 3)$的圆的方程.

3. 求过点$(-2, 1)$且圆心与圆 $x^2+y^2-6x+8y+5=0$ 的圆心相同的圆的方程.

笔记

6.8.3　圆的方程的确定

问题提出

在进行金属加工或木料加工时，经常需要在给定的材料上打孔，孔的位置和大小是要严格符合要求的. 这就需要根据实际参数，确定孔所在的圆的方程. 那么圆的方程如何确定呢?

分析理解

已知圆心(a, b)和半径 r 即可得到圆的标准方程$(x-a)^2+(y-b)^2=r^2$，因此圆的标准方程有三个待定系数 a，b，r.

二元二次方程 $x^2+y^2+Dx+Ey+F=0$，在 $D^2+E^2-4F>0$ 时，表示以$\left(-\frac{D}{2}, -\frac{E}{2}\right)$为圆心，半径 $r=\frac{\sqrt{D^2+E^2-4F}}{2}$ 的圆，因此圆的一般方程中有三个待定系数 D，E，F.

抽象概括

求解圆的方程时，通常采用待定系数法. 圆的标准方程$(x-a)^2+(y-b)^2=r^2$ 由三个系数 a，b，r 确定；圆的一般方程 $x^2+y^2+Dx+Ey+F=0$ 也由三个系数 D，E，F 确定. 可根据所提供的条件灵活地进行选择.

例 1　已知点 $A(2, 5)$，点 $B(8, 3)$，求以线段 AB 为直径的圆的方程.

解　设所求圆的圆心坐标为 $C(a, b)$，半径为 r. 依题意可知，圆心 C 是线段 AB 的中点，半径 $r=\frac{1}{2}|AB|$.

笔 记

因此 $a=\dfrac{2+8}{2}=5$，$b=\dfrac{5+3}{2}=4$，所以圆心坐标为 $C(5, 4)$.

半径 $r=\dfrac{1}{2}|AB|=\dfrac{\sqrt{(8-2)^2+(3-5)^2}}{2}=\sqrt{10}$.

因此，所求圆的方程为 $(x-5)^2+(y-4)^2=10$.

例 2 已知圆心为直线 $2x+3y=0$ 和 $x-y=5$ 的交点，且圆经过点 $M(-2, 3)$，求圆的方程.

解 设所求圆的圆心坐标为 $C(a, b)$，半径为 r.

依题意，解方程组 $\begin{cases}2x+3y=0,\\x-y=5,\end{cases}$ 得 $\begin{cases}x=3,\\y=-2,\end{cases}$ 得圆心坐标为 $C(3, -2)$.

半径 $r=|CM|=\sqrt{(-2-3)^2+(3+2)^2}=5\sqrt{2}$.

因此所求圆的方程为 $(x-3)^2+(y+2)^2=50$.

例 3 求过三点 $A(2, 2)$，$B(5, 3)$，$C(3, -1)$ 的圆的方程，并指出圆心和半径.

分析 已知圆上三点，通常设所求圆的方程为 $x^2+y^2+Dx+Ey+F=0$，进而求出圆心坐标和半径.

解 设所求圆的方程为 $x^2+y^2+Dx+Ey+F=0$，依题意可知 $A(2, 2)$，$B(5, 3)$，$C(3, -1)$ 三点在圆上，

故 $\begin{cases}2^2+2^2+2D+2E+F=0,\\5^2+3^2+5D+3E+F=0,\\3^2+(-1)^2+3D-E+F=0,\end{cases}$ 整理得 $\begin{cases}2D+2E+F=-8,\\5D+3E+F=-34,\\3D-E+F=-10,\end{cases}$

解这个方程组，得 $D=-8$，$E=-2$，$F=12$.

因此所求圆的一般方程为 $x^2+y^2-8x-2y+12=0$.

所求圆心坐标为 $(4, 1)$，半径为 $\sqrt{5}$.

随堂练习

1. 求以 $A(3, -2)$，$B(-5, 2)$ 两点的连线为直径的圆的方程.
2. 求经过三点 $A(1, -1)$，$B(2, 0)$，$C(0, 0)$ 的圆的方程.
3. 求以 $C(1, 1)$ 为圆心，且过圆 $x^2+y^2-6x+2y-1=0$ 的圆心的圆的方程.
4. 求经过点 $A(2, 0)$，$B(0, 2)$ 且圆心在 x 轴上的圆的方程.

习题 6.8

笔记

水平一

1. 填空题.

(1) 圆心为点(−3，0)，且半径为$\sqrt{5}$的圆的方程为________________.

(2) 圆心为点(−1，2)，且过点(4，0)的圆的方程为________________.

(3) 已知圆的方程为$(x-3)^2+(y+2)^2=1$，则与这个圆同心，且半径为 6 的圆的方程为________________.

(4) 圆的方程为$x^2+y^2+8x-4y+18=0$，其圆心坐标为________，半径为________.

2. 选择题.

(1) 点$A(-1, -2)$与圆$x^2+y^2=4$的位置关系是(　　).

A. 在圆内　　B. 在圆上　　C. 在圆外　　D. 无法判断

(2) 以$A(-2, 1)$为圆心、2 为半径的圆的方程为(　　).

A. $(x-2)^2+(y+1)^2=2$

B. $(x+2)^2+(y-1)^2=2$

C. $(x-2)^2+(y+1)^2=4$

D. $(x+2)^2+(y-1)^2=4$

(3) 若圆的方程为$x^2+y^2+2x-6y+6=0$，则圆心坐标和半径为(　　).

A. $(1, -3)$，$r=2$　　B. $(-1, 3)$，$r=2$

C. $(1, -3)$，$r=4$　　D. $(-1, 3)$，$r=4$

3. 解答题.

(1) 求到点$A(2, -3)$的距离等于 6 的点的轨迹方程.

(2) 求过三点$A(0, 0)$，$B(1, 1)$，$C(4, 2)$的圆的方程，并指出它的圆心坐标和半径.

(3) 求以$A(2, 5)$，$B(8, 3)$两点的连线为直径的圆的方程.

笔记

水平二

1. 填空题.

(1) 圆 $2x^2+2y^2-4x+2y+1=0$ 的圆心坐标为________，半径为________.

(2) 圆心为(2，−2)且过原点的圆的方程为________.

(3) 圆 $(x-2)^2+(y-3)^2=25$ 在 x 轴上截得的弦的长为________.

(4) 圆 $x^2+y^2-5x+2y=0$ 的面积为________.

2. 解答题.

(1) 求经过点 $A(-3, 0)$ 和 $B(2, -1)$ 且圆心在 x 轴上的圆的方程.

(2) 已知三条直线 l_1：$x-2y=0$，l_2：$y+1=0$，l_3：$2x+y-5=0$ 两两相交，求过这三个交点的圆的方程.

6.9 直线与圆的位置关系

6.9.1 判断直线与圆的位置关系(一)

知识回顾

平面内，直线与圆有三种位置关系：相交、相切、相离. 如图 6-30 所示：

(1) 当直线与圆有两个公共点时，称直线与圆相交；

(2) 当直线与圆只有一个公共点时，称直线与圆相切；

(3) 当直线与圆没有公共点时，称直线与圆相离.

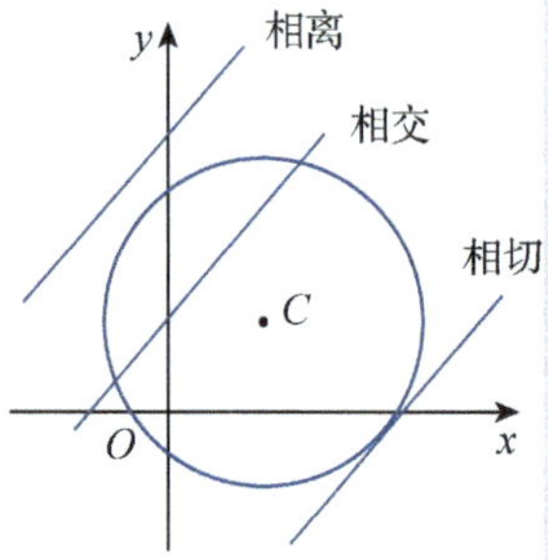

图 6-30

问题提出

直线 l：$y=x+2$ 与圆 $x^2+y^2=2$ 的位置关系是怎样的？相交、相切或相离？

笔记

分析理解

判断直线与圆的位置关系，只需确定直线与圆的公共点的个数，因此，利用直线的方程与圆的方程建立方程组，方程组解的个数决定了直线与圆的位置关系，

$$\begin{cases} y=x+2, & ① \\ x^2+y^2=2. & ② \end{cases}$$

将①代入②中，得 $x^2+(x+2)^2=2$，解得 $\begin{cases} x=-1, \\ y=1, \end{cases}$ 方程组只有一组解，所以直线与圆只有一个公共点，直线与圆相切.

抽象概括

设直线的方程为 $Ax+By+C=0$，圆的方程为 $x^2+y^2+Dx+Ey+F=0$.

对于方程组 $\begin{cases} Ax+By+C=0, \\ x^2+y^2+Dx+Ey+F=0, \end{cases}$ 有以下结论：

(1) 方程组有两组解⇔直线与圆相交；

(2) 方程组只有一组解⇔直线与圆相切；

(3) 方程组没有解⇔直线与圆相离.

例 1　已知直线 $y=x+1$ 和圆 $x^2+y^2=13$. 求出它们的交点，并判断它们的位置关系.

解　解方程组 $\begin{cases} x^2+y^2=13, \\ y=x+1, \end{cases}$ 可得 $\begin{cases} x=-3, \\ y=-2, \end{cases}$ 或 $\begin{cases} x=2, \\ y=3. \end{cases}$

直线与圆有两个交点，分别为 $(-3,\ -2)$ 和 $(2,\ 3)$.

所以直线和圆的位置关系是相交.

例 2　已知直线 $y=x+b$，圆 $x^2+y^2=2$，问 b 在什么范围内取值时，圆与直线相交、相切、相离?

解　解方程组 $\begin{cases} y=x+b, & ① \\ x^2+y^2=2, & ② \end{cases}$

由方程组解的个数来确定直线与圆的位置关系.

将①式代入②式中，整理得 $2x^2+2bx+b^2-2=0$.

$\Delta=(2b)^2-4\times2\times(b^2-2)=-4b^2+16$.

当 $\Delta>0$，即 $-2<b<2$ 时，方程组有两组不相等的实数解，直线与圆

笔记

有两个公共点，因此直线与圆相交；

当 $\Delta=0$，即 $b=-2$ 或 $b=2$ 时，方程组只有一组实数解，直线与圆只有一个公共点，因此直线与圆相切；

当 $\Delta<0$，即 $b<-2$ 或 $b>2$ 时，方程组没有实数解，直线与圆没有公共点，因此直线与圆相离.

随堂练习

1. 判断下列直线与圆的位置关系.

(1) 直线 $y=2x$ 与圆 $x^2+y^2=4$；

(2) 直线 $3x-y-1=0$ 与圆 $(x-1)^2+y^2=3$；

(3) 直线 $y=5$ 与圆 $(x+1)^2+(y-4)^2=1$；

(4) 直线 $2x+y=1$ 与圆 $(x+3)^2+(y-1)^2=4$.

2. 求 b 为何值时，直线 $y=2x+b$ 与圆 $(x-1)^2+y^2=1$ 相切.

3. 求出直线 $y=x$ 与圆 $(x-1)^2+y^2=5$ 的交点坐标，并求出两交点间的距离.

6.9.2 判断直线与圆的位置关系(二)

问题提出

直线与圆的位置关系，可通过直线与圆的公共点的个数来进行判断，除此之外，是否还有其他方法?

分析理解

观察图 6-31，可以发现圆心到直线的距离和直线与圆的位置关系紧密相关，可以通过比较圆心到直线的距离与半径的大小，来判断直线与圆的位置关系.

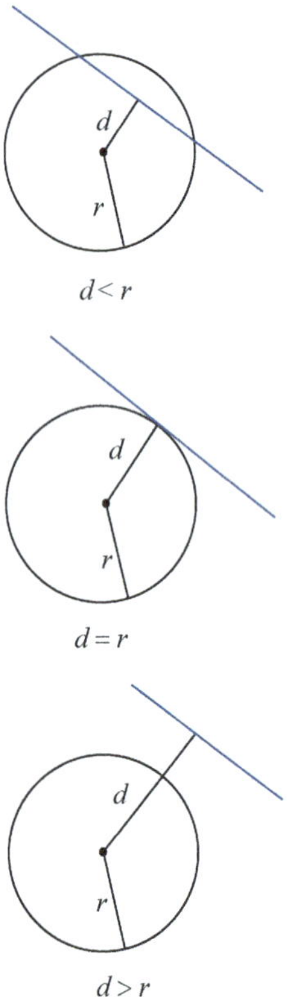

图 6-31

抽象概括

设圆的方程为 $(x-a)^2+(y-b)^2=r^2$，直线的方程为 $Ax+By+C=0$. 圆心到直线的距离为 d，则 $d=\dfrac{|Aa+Bb+C|}{\sqrt{A^2+B^2}}$，比较 d 与 r 的大小，如图 6-31 所示.

(1) $d<r \Leftrightarrow$ 直线与圆相交；

(2) $d=r\Leftrightarrow$直线与圆相切；

(3) $d>r\Leftrightarrow$直线与圆相离.

笔记

例 1 已知直线 $y=x+2$ 和圆 $x^2+y^2=9$，判断它们的位置关系.

解 依题意得圆心坐标为(0，0)，半径 $r=3$，

将直线的方程转化为一般式方程，得 $x-y+2=0$，圆心到直线距离

$$d=\frac{|0-0+2|}{\sqrt{1^2+(-1)^2}}=\frac{2}{\sqrt{2}}=\sqrt{2}.$$

因为$\sqrt{2}<3$，所以 $d<r$，故直线与圆相交.

例 2 已知直线 l：$x+2y+C=0$ 和圆 O：$x^2+y^2-4x+2y+1=0$，问当 C 为何值时，直线 l 和圆 O 相交、相切、相离？

解 将圆的方程化为标准方程，得$(x-2)^2+(y+1)^2=4$，圆心为(2，-1)，半径 $r=2$. 圆心到直线的距离 $d=\frac{|2-2+C|}{\sqrt{1^2+2^2}}=\frac{|C|}{\sqrt{5}}$.

当 $d<r$，$\frac{|C|}{\sqrt{5}}<2$，即$-2\sqrt{5}<C<2\sqrt{5}$时，直线与圆相交；

当 $d=r$，$\frac{|C|}{\sqrt{5}}=2$，即$C=-2\sqrt{5}$或$C=2\sqrt{5}$时，直线与圆相切；

当 $d>r$，$\frac{|C|}{\sqrt{5}}>2$，即$C<-2\sqrt{5}$或$C>2\sqrt{5}$时，直线与圆相离.

例 3 求过圆 $x^2+(y-1)^2=2$ 上一点(1，0)的圆的切线的方程.

解 圆心为(0，1)，半径 $r=\sqrt{2}$. 显然切线的斜率存在，设切线的斜率为 k，则切线的方程为 $y-0=k(x-1)$，即 $kx-y-k=0$.

圆心到切线的距离 $d=\frac{|k\times 0-1-k|}{\sqrt{k^2+(-1)^2}}=\frac{|k+1|}{\sqrt{k^2+1}}$.

圆心到切线的距离等于半径，所以$\frac{|k+1|}{\sqrt{k^2+1}}=\sqrt{2}$，可得 $k=1$.

所以切线的方程为 $x-y-1=0$.

合作交流

例 3 中，过圆上一点求圆的切线的斜率，除了利用圆心到切线的距离等于半径外，还有其他办法吗？

随堂练习

1. 判断下列直线与圆的位置关系.

(1) 直线 $x+y-1=0$ 与圆$(x-1)^2+y^2=4$；

笔记

(2) 直线 $x=1$ 与圆 $x^2+y^2=1$；

(3) 直线 $2x-y+5=0$ 与圆 $x^2+(y+2)^2=1$；

(4) 直线 $y=x+4$ 与圆 $(x-4)^2+(y+1)^2=3$.

2. 求圆心为 $(-2, -4)$ 且与 y 轴相切的圆的方程.

3. 求过圆 $x^2+y^2=10$ 上一点 $(1, 3)$ 的圆的切线的方程.

习题 6.9

水平一

1. 填空题.

(1) 圆 $(x-2)^2+(y-1)^2=9$ 的圆心坐标为______，半径为______，其圆心到直线 $3x+4y+6=0$ 的距离为________，圆与直线的位置关系是__________.

(2) 圆 $(x-1)^2+(y+2)^2=4$ 与直线 $x+y=0$ 有________个交点.

(3) 圆心为 $(1, 3)$ 且与 x 轴相切的圆的方程为__________.

2. 解答题.

(1) 判断直线 $x-y-1=0$ 与圆 $x^2+y^2=13$ 是否相交？若相交，求出交点的坐标.

(2) 已知直线 $x-y+m=0$ 与圆 $x^2+y^2=2$ 相切，求 m 的值.

(3) 当 C 为何值时，直线 $x+2y+C=0$ 与圆 $(x-1)^2+\left(y+\frac{1}{2}\right)^2=4$ 相交、相切、相离.

(4) 求半径为 3，圆心在 y 轴上，且与直线 $y=1$ 相切的圆的方程.

水平二

1. 填空题.

(1) 直线 $y=x+b$ 过圆 $x^2+y^2-4x+2y-4=0$ 的圆心，则 $b=$____.

(2) 若圆 $x^2+y^2=1$ 与直线 $3x+4y+m=0$ 有公共点，则 m 的取值范围是__________.

2. 选择题.

(1) 直线 $4x-3y+5=0$ 与圆 $x^2+y^2-4x-2y+m=0$ 无公共点，则 m 的取值范围为(　　).

笔记

A. $0<m<5$　　B. $1<m<5$　　C. $m>1$　　D. $m<0$

(2) 若直线 $x+y=m$ 与圆 $x^2+y^2=m$ 相切，则 m 的值为(　　).

A. 2　　B. $\frac{1}{2}$　　C. $\sqrt{2}$　　D. $\frac{\sqrt{2}}{2}$

(3) 过 $O(0, 0)$ 与圆 $(x-2)^2+y^2=1$ 相切的直线的斜率是(　　).

A. $\frac{\sqrt{3}}{3}$　　B. $\sqrt{3}$　　C. $\pm\frac{\sqrt{3}}{3}$　　D. $\pm\sqrt{3}$

(4) 直线 $x+y=0$ 与 $x^2+y^2-2x+4y+1=0$ 交于 A，B 两点，那么弦 AB 的中点的坐标为(　　).

A. $\left(-\frac{1}{2}, \frac{1}{2}\right)$　　B. $\left(\frac{1}{2}, -\frac{1}{2}\right)$

C. $\left(-\frac{3}{2}, \frac{3}{2}\right)$　　D. $\left(\frac{3}{2}, -\frac{3}{2}\right)$

3. 解答题.

(1) 求圆心在直线 $y=x$ 上，且与 x 轴相切于点 $M(3, 0)$ 的圆的方程.

(2) 求圆 $x^2+y^2-2x+4y-11=0$ 被直线 $2x+y+\sqrt{10}=0$ 所截得的弦的长.

(3) 已知圆的方程为 $x^2+y^2=1$，求斜率等于 1 的圆的切线的方程.

(4) 求过圆 $x^2+y^2=10$ 上一点 $M(2, \sqrt{6})$ 的圆的切线的方程.

(5) 求过点 $(3, 4)$ 且与圆 $x^2+y^2=9$ 相切的直线的方程.

6.10 圆的方程的应用

直线与圆的方程在生产、生活实践中以及在数学中有着广泛的应用，本节通过几个例子来说明直线与圆的方程在实际生活中的应用.

例 1 一艘轮船在沿直线返回港口的途中，接到气象台的台风预报：台风中心位于轮船正西 60 km 处，受台风影响的区域是半径长为 30 km 的圆形区域. 港口位于台风中心正北 40 km 处，如果轮船不改变航线，那么它是否会受到台风影响？

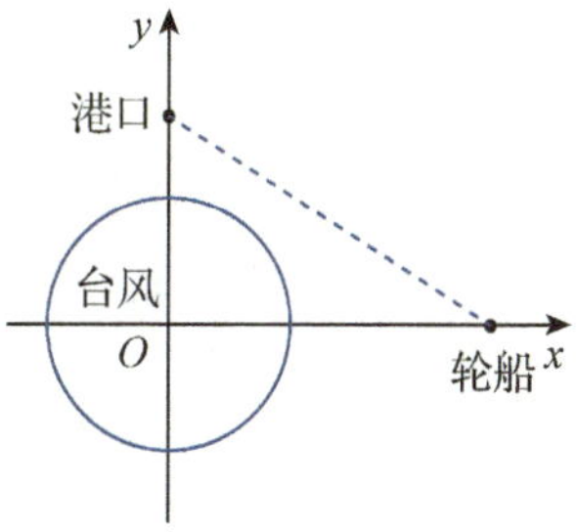

图 6-32

解 以台风中心为原点 O，东西方向为 x 轴，南北方向为 y 轴，建立平面直角坐标系，如图 6-32 所示.

笔记

这样受台风影响的圆形区域可用方程 $x^2+y^2=30^2$ 来表示，港口坐标为(0，40)，轮船的坐标为(60，0)，轮船到港口的航线所在的直线用 $2x+3y-120=0$ 表示.

轮船是否会受到影响，转化为直线与圆是否有公共点的问题.

圆心(0，0)到直线的距离 $d=\dfrac{|2\times0+3\times0-120|}{\sqrt{2^2+3^2}}=\dfrac{120}{\sqrt{13}}>30$，

所以 $d>r$.

直线与圆没有公共点，所以轮船不会受到台风影响.

例 2 图 6-33 是某圆形拱桥的圆拱示意图．该圆拱的水面跨度 $AB=20$ m，拱高 $OP=4$ m，在建造时每隔 4 m 需用一根支柱支撑，求支柱 A_2P_2 的长度(精确到 0.01 m).

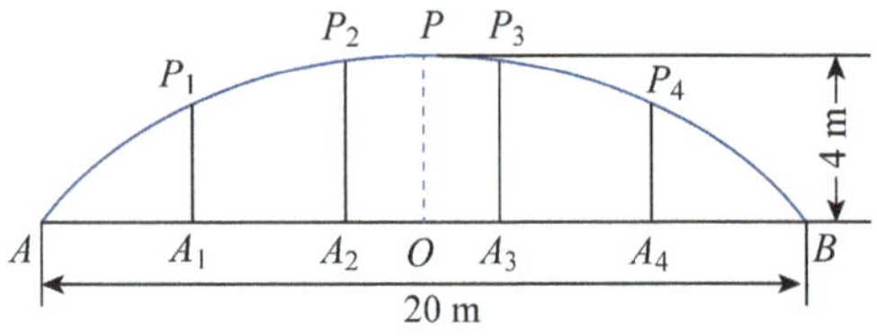

图 6-33

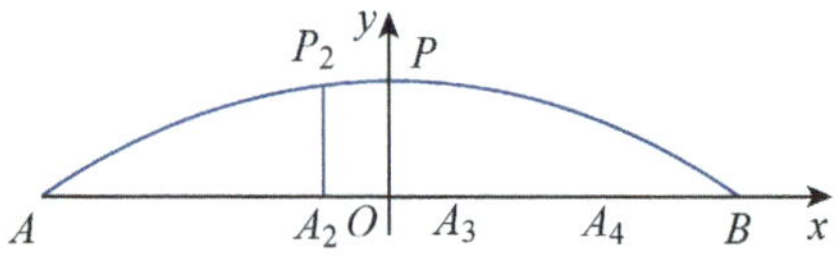

图 6-34

解 如图 6-34 所示，以过点 A，B 的直线为 x 轴，线段 AB 的垂直平分线为 y 轴，建立平面直角坐标系．于是有 $A(-10,0)$，$B(10,0)$，$P(0,4)$，$A_2(-2,0)$，$P_2(-2,y)$.

设圆的方程为 $x^2+y^2+Dx+Ey+F=0$，A，B，P 三点在圆上，得

$$\begin{cases}100-10D+F=0,\\100+10D+F=0,\\16+4E+F=0,\end{cases}$$

解得 $D=0$，$E=21$，$F=-100$.

所以拱弧所在圆的方程为 $x^2+y^2+21y-100=0$.

由于 P_2 在圆拱上，把 P_2 的横坐标 $x=-2$ 代入圆的方程中，整理得

$$y^2+21y-96=0.$$

因为 $y>0$，解得 $y=\dfrac{-21+5\sqrt{33}}{2}\approx3.86$(m).

所以，支柱 A_2P_2 的长度约为 3.86 m.

随堂练习

笔记

一个工件的截面如图所示，以 AB 所在直线为 x 轴，AF 所在直线为 y 轴建立平面直角坐标系，分别求出点 B，C，D，E 的坐标.

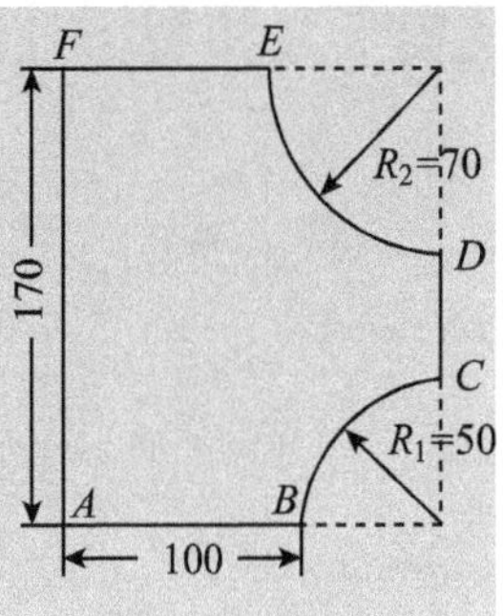

习题 6.10

水平一

1. 为了修复一个残破圆轮需测出它的半径，将残破圆轮放在平面直角坐标系中，测得圆轮边缘的三点坐标为(0，−1)，(4，−1)，(2，1)，求这个圆轮的半径.

2. 某公园建造一座跨度 $l=8$ m，高度 h 和跨度 l 的比为 1∶4 的圆形拱桥，如图所示，每隔 1 m 竖一根支柱支撑柱，求支柱 Q_5P_5 的高．(精确到 0.1 m)

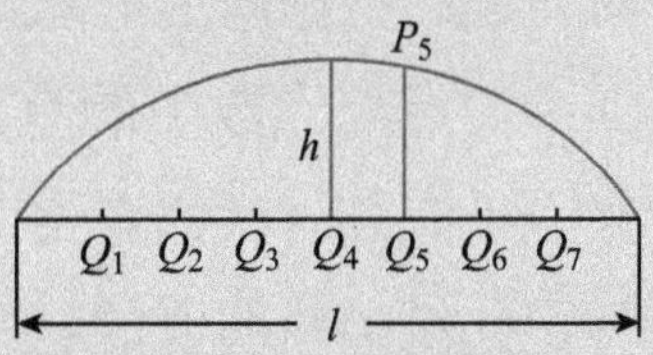

第 2 题图

水平二

右图是一圆弧形拱桥的示意图，在正常情形下水面宽 8 m，水面距桥拱最高点的距离为 2 m. 某日降雨后，水面上升 0.5 m，试确定此时水面的宽度. (精确到 0.1 m)

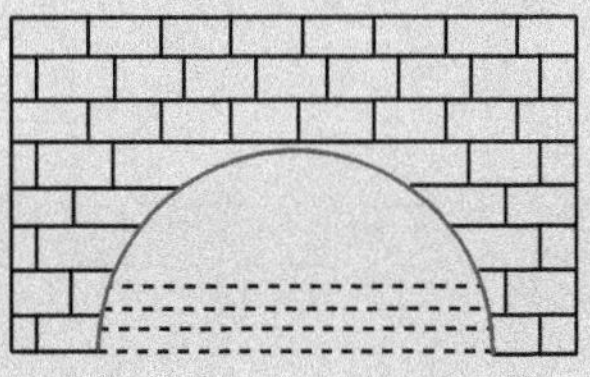

笔 记

数学园地

笛卡儿和解析几何

“数缺形时少直观，形缺数时难入微．”正是解析几何将数与形联系在了一起，在“代数”与“几何”两大学科之间架起了桥梁．这座桥梁的设计师就是笛卡儿(Descartes，1596—1650).

笛卡儿 1596 年出生于法国，从小学习数学、物理、哲学，成绩优异．笛卡儿 22 岁时轻易解决了当时的有奖数学难题，这使他对数学产生兴趣，并坚定了投身于数学研究的信心．在之后的研究中，他不断地思考数学、哲学上的新方法——怎样把代数应用到几何中，并致力于研究数学中的这一崭新的领域，这一领域后来被牛顿称为解析几何.

笛卡儿的思想方法的精髓是引进坐标，用代数方程表示曲线，然后通过对方程的讨论研究曲线的性质．这样巧妙地把“数”和“形”统一起来，使几何中的点与代数中的有序实数对之间建立起了对应关系，这对于数学研究来说具有划时代的意义.

正如笛卡儿所说的：“一切问题都可以转化为数学问题，一切数学问题都可以转化为代数问题，而一切代数问题都可转化为方程，因此，一旦解决了方程问题，一切问题将迎刃而解.”

单元小结

笔记

学习导图

- 直线与圆的方程
  - 两个重要公式
    - 两点间的距离公式：________
    - 线段的中点坐标公式：________
  - 直线的方程
    - 直线的倾斜角和斜率
      - 直线的倾斜角的取值范围：________
      - 直线的斜率公式：________
    - 直线方程
      - 直线的点斜式方程：________
      - 直线的斜截式方程：________
      - 直线的一般式方程：________
    - 两直线的位置关系
      - 两条相交直线的交点：________
      - 两条直线平行的条件：________
      - 两条直线垂直的条件：________
    - 点到直线的距离
      - 点到直线的距离公式：________
  - 圆的方程
    - 圆的方程
      - 圆的标准方程：________
      - 圆的一般方程：________
      - 圆的方程的确定：________
    - 直线与圆的位置关系
    - 圆的方程的简单应用

学习指导

1. 直线的倾斜角和斜率.

倾斜角和斜率都是反映直线相对于 x 轴的倾斜程度的量．直线与 x 轴平行其倾斜角为 $0°$，其斜率为 0；直线与 y 轴平行，其倾斜角为 $90°$，其斜率不存在.

2. 直线的方程.

(1) 确定一条直线必须要有两个独立的几何条件.

已知两点的坐标或已知一点的坐标和斜率，可利用点斜式方程写出直线的方程；已知斜率和 y 轴上的纵截距，可利用斜截式方程写出直线的方程；直线的一般式方程是通用的，直线的各种方程形式可以互相转换.

(2) 两类特殊的直线的方程.

x 轴所在直线的方程为 $y=0$，与 x 轴平行的直线的方程为 $y=c$，$c\in\mathbf{R}$，$c\neq0$.

y 轴所在直线的方程为 $x=0$，与 y 轴平行的直线的方程为 $x=d$，$d\in$

笔 记

R，$d \neq 0$.

3. 直线的位置关系.

若斜率都存在，且两条直线的斜率相等，则两条直线是平行的(也可能是重合的)，否则两条直线相交．如果两条直线的斜率都不存在，则它们都与 y 轴平行.

两条相交直线的交点的坐标是这两条直线的方程所组成的方程组的解，当两条直线的斜率 k_1 与 k_2 的乘积等于 -1 时，这两条直线垂直.

4. 关于点到直线的距离.

使用点到直线的距离公式 $d=\frac{|Ax_0+By_0+C|}{\sqrt{A^2+B^2}}$ 时要特别注意：确定 A，B，C 时，直线的方程必须是一般式方程.

5. 关于圆的方程.

若已知或容易求得圆心坐标和半径，一般采用圆的标准方程 $(x-a)^2+(y-b)^2=r^2$；若已知条件与圆心坐标或半径都无直接关系，那么可采用圆的一般方程 $x^2+y^2+Dx+Ey+F=0$，再用待定系数法求出系数 D，E，F.

6. 关于直线与圆的位置关系.

设圆的半径为 r，圆心到直线的距离为 d，直线与圆的位置关系可用表 6-2 表示.

表 6-2

特征	相交	相切	相离
几何特征	$d<r$	$d=r$	$d>r$
代数特征	有两个实数解	有一个实数解	没有实数解

单元检测

笔记

水平一

1. 填空题.

(1) 若 $A(2, 1)$，$B(5, 5)$，则 $|AB|=$________.

(2) 若 $M(2, 1)$，$N(4, -5)$，则线段 MN 的中点的坐标为________.

(3) 若直线 l 的倾斜角为 $60°$，则直线 l 的斜率为____________.

(4) 若直线 l 经过点 $A(2, 3)$，$B(4, 7)$，则直线 l 的斜率为________________.

(5) 经过点 $A(2, 5)$，斜率为 4 的直线的方程为______________.

(6) 若直线在 y 轴上的截距为 5，且斜率为 7，则直线的方程为____________.

(7) 点 $A(1, 2)$到直线 $3x-4y+10=0$ 的距离为________.

(8) 过点 $P(4, 5)$且与直线 $y=2x-7$ 平行的直线的方程为________.

(9) 圆心为$(1, -2)$，半径为 3 的圆的标准方程为______________.

(10) 圆 $x^2+y^2-4x-6y+4=0$ 的圆心为________，半径为________.

2. 选择题.

(1) 已知直线过点 $A(3, 1)$和 $B(-2, 1)$，则直线的斜率为(　　).

A. 0　　B. 不存在　　C. 5　　D. $\frac{1}{5}$

(2) 已知直线的斜率为 1，则直线的倾斜角为(　　).

A. tan 1　　B. 1　　C. $45°$　　D. $90°$

(3) 过点 $P(-3, 5)$，且倾斜角为 $30°$的直线的方程为(　　).

A. $y+3=30(x-5)$　　B. $y-5=30(x+3)$

C. $y-5=\frac{\sqrt{3}}{3}(x+3)$　　D. $y-3=\frac{\sqrt{3}}{3}(x+5)$

(4) 倾斜角为$\frac{\pi}{3}$，在 y 轴上的纵截距是 -6 的直线的方程为(　　).

A. $y=\frac{\pi}{3}x-6$　　B. $y=\sqrt{3}x-6$

C. $y=\sqrt{3}x+6$　　D. $y=\frac{\sqrt{3}}{3}x-6$

笔记

(5) 若两直线 $12x+4y+1=0$ 和 $3x+my+9=0$ 相互垂直，则 m 的值为(　　).

A. 9　　B. -9　　C. 6　　D. -6

(6) 以 $C(2, -1)$ 为圆心，$2\sqrt{3}$ 为直径的圆的标准方程为(　　).

A. $(x+2)^2+(y-1)^2=12$　　B. $(x-2)^2+(y+1)^2=12$

C. $(x-2)^2+(y+1)^2=3$　　D. $(x+2)^2+(y-1)^2=3$

(7) 下列各点中在圆 $x^2+(y-2)^2=4$ 外的是(　　).

A. $(1, 2)$　　B. $(-2, 2)$　　C. $(0, 1)$　　D. $(-1, 0)$

(8) 直线 $4x-3y+5=0$ 与圆 $(x-1)^2+(y+2)^2=9$ 的位置关系为(　　).

A. 相交且过圆心　　B. 相交但不过圆心

C. 相切　　D. 相离

3. 解答题.

(1) 求过点 $P(3, 2)$ 和 $Q(1, -4)$ 的直线的方程.

(2) 已知 $A(x, -5)$，$B(1, 2)$，$C(-4, 7)$ 三点共线，求 x 的值.

(3) 求过点 $A(1, 2)$ 且与直线 $2x-y+5=0$ 垂直的直线的方程.

(4) 已知点 $A(1, -4)$，$B(3, -6)$，求以线段 AB 为直径的圆的方程.

(5) 求以 $C(1, 3)$ 为圆心，且与直线 $3x+4y-20=0$ 相切的圆的方程.

(6) 点 $O(0, 0)$，$A(1, 1)$，$B(-1, 2)$ 都是圆 C 上的点，求圆 C 的方程.

水平二

1. 填空题.

(1) 若直线 l 经过点 $A(\sqrt{3}, 0)$，$B(0, 3)$，则直线 l 的斜率为________，倾斜角为______.

(2) 若直线在 y 轴上的纵截距为 -5，且倾斜角为 $45°$，则直线的方程为________.

(3) 若两直线 $mx+3y+1=0$ 和 $2x+(m+1)y+1=0$ 平行，则 m 的值为________.

(4) 点 $P(-2, 3)$ 到直线 $y=-\frac{4}{3}x+1$ 的距离为________.

(5) 圆心为(1，4)，且过点 $A(5,1)$ 的圆的标准方程为__________.

笔记

2. 选择题.

(1) 点 $P(-3,4)$ 关于直线 $x-y+3=0$ 的对称点点 Q 的坐标为(　　).

A. $(-1,2)$　B. $(3,-4)$　C. $(4,-3)$　D. $(1,0)$

(2) 两平行直线 $3x+4y-5=0$ 与 $3x+4y+5=0$ 的距离为(　　).

A. 0　B. 5　C. 2　D. 10

(3) 若直线 $y=x+b$ 与圆 $x^2+y^2=2$ 有两个交点，则 b 应满足(　　).

A. $-3<b<7$　B. $-7<b<3$

C. $-2<b<2$　D. $b<-2$ 或 $b>2$

(4) 过圆 $x^2+y^2=5$ 上一点 $A(1,-2)$ 的圆的切线的方程为(　　).

A. $x-2y+5=0$　B. $2x-y-5=0$

C. $x+2y-5=0$　D. $x-2y-5=0$

3. 解答题.

(1) 求直线 $2x+3y-24=0$ 与 x 轴、y 轴所围成的三角形的面积.

(2) 求圆心为(4，1)，且与直线 $5x-12y-60=0$ 相切的圆的方程.

(3) 圆的方程为 $(x+1)^2+(y-2)^2=2$，直线的方程为 $x-y+b=0$，求当 b 为何值时，圆与直线相切.

(4) 求过点 $P(2,3)$ 且与圆 $x^2+y^2=4$ 相切的圆的切线的方程.

(5) 求直线 $3x-4y+5=0$ 截圆 $(x-2)^2+(y+1)^2=25$ 所得的弦长.

(6) 某圆拱桥的水面跨度为 20 m，拱高 4 m，现有一船，宽 10 m，水面以上高 3 m，这条船能否从桥下通过？

第七单元

简单几何体

东方明珠广播电视塔是上海十大地标建筑、上海十大景观之一. 东方明珠广播电视塔为多筒结构，电视塔有下、上、顶三个球体. 三个垂直筒体由五道横梁加以联结. 空心筒体加斜撑的结构方案，使电视塔的塔体具有良好的抗震、抗风性能. 设计灵感来自于中国的博大文化，集广播电视信号发射、观光、餐饮、购物及娱乐为一体，构成了充满“大珠小珠落玉盘”诗情画意的壮美景观.

几何在建筑设计中是至关重要的，几何之美无处不在，可以美轮美奂，可以创意无限，我们的生活离不开几何. 简单几何体是几何学中的重要组成部分，它在土木建筑、机械制图、模具设计、航海测绘等实际问题中有着广泛的应用.

本单元我们将从简单几何体的整体感知入手，研究简单几何体的结构特征、三视图和直观图；了解简单几何体的表面积和体积的计算方法；借助几何直观和空间想象感知简单几何体的形态与变化，依据数学运算法则进行演绎推算，培养和发展直观想象、数学运算等核心素养.

学习目标

1. 三视图.

(1) 会由实物抽象出简单几何图形，会根据简单几何图形想象实物的形状；

(2) 理解实物或空间图形的正视图、俯视图、左视图；能画出简单几何体的三视图；

(3) 能根据三视图绘制简单几何体的直观图.

2. 空间图形的画法.

(1) 会通过实物观察和直观想象感知水平放置的平面几何图形的直观图；

(2) 初步掌握画空间图形的直观图的斜二测法；会用斜二测法画出简单几何体的直观图.

3. 直棱柱、正棱锥的表面积.

(1) 了解多面体及棱柱、棱锥的有关概念；

(2) 理解直棱柱、正棱锥的侧面展开图；掌握它们的侧面积公式；

(3) 会求直棱柱、正棱锥的表面积.

4. 圆柱、圆锥、球的表面积.

(1) 了解旋转体及圆柱、圆锥、球的有关概念；

(2) 理解圆柱、圆锥的侧面展开图；掌握它们的侧面积公式；

(3) 了解球的表面积公式.

5. 柱、锥、球的体积.

(1) 理解柱、锥的体积公式，并能求它们的体积；

(2) 了解球的体积公式；会求球的体积.

笔记

7.1 简单几何体的三视图

日常生活中存在各种物体，它们占据着空间的有限部分，如果只考虑这些物体的形状和大小，而不考虑其他因素，那么由这些物体抽象出来的空间图形就叫作空间几何体．本节的任务是认识最基本的几种几何体，会用三视图进行表示，并能够根据平面图形想象几何体的形状和结构.

7.1.1 简单几何体

观察思考

现实世界中存在着很多形状与图 7-1 中的形状类似的物体，这些物体具有怎样的形状？这些物体的形状叫作什么？

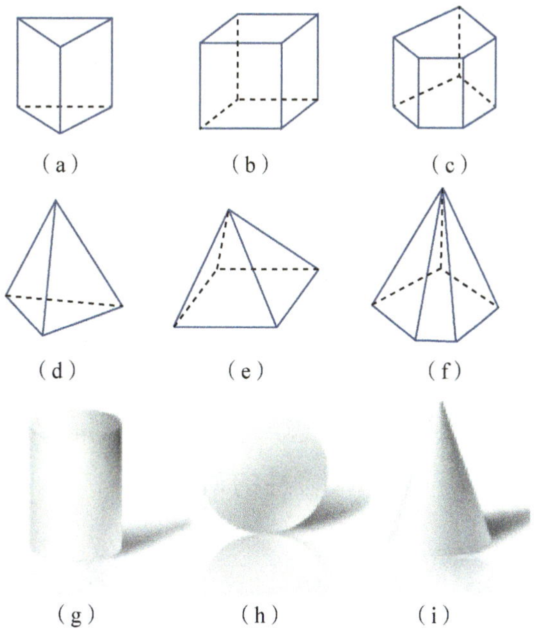

图 7-1

抽象概括

观察一个几何体，可以从几何体的顶点数量、每个面的形状、邻边，以及不同面之间的关系入手.

通过观察可知，图 7-1 中的(a)(b)(c)(d)(e)(f)具有同样的特点，它们每个面都是平面图形，并且都是平面多边形；图 7-1 中的(g)(h)(i)也有同样的特点，它们有的面不是平面图形.

概念
多面体
多面体的面
多面体的棱
多面体的顶点

一般地，我们把由若干个平面多边形围成的几何体叫作**多面体**(图 7-2). 围成多面体的各个多边形叫作**多面体的面**，相邻两个面的公共边叫作**多面体的棱**，棱与棱的公共点叫作**多面体的顶点**，图 7-1 中(a)(b)(c)(d)(e)(f)都是多面体.

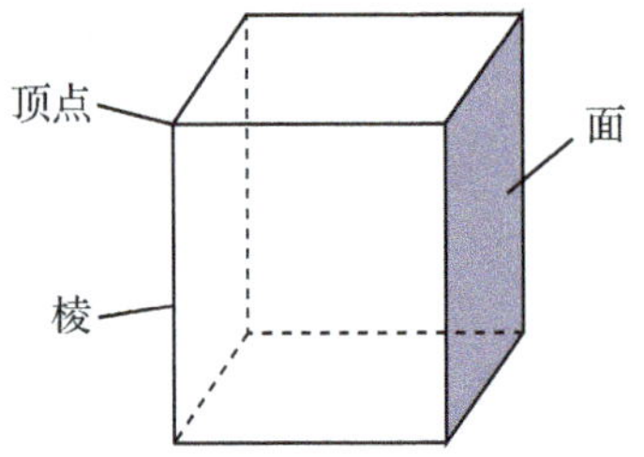

图 7-2

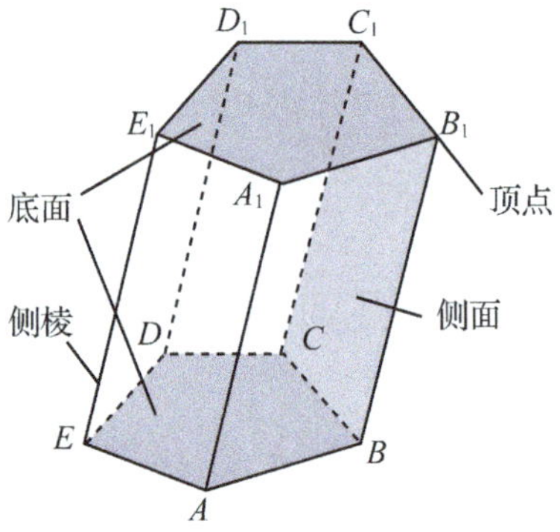

图 7-3

1. 棱柱

观察图 7-3，它的上底、下底是平行的(就像天花板和地板平行一样)，其余各面都是平行四边形，这是一类人们经常遇到的几何体.

抽象概括

概念
棱柱
棱柱的底面
棱柱的侧面
棱柱的侧棱
棱柱的顶点

一般地，有两个面互相平行，其余各面都是四边形，并且相邻两个四边形的公共边都互相平行，由这些面所围成的多面体叫作**棱柱**. 其中两个互相平行的面叫作**棱柱的底面**，简称**底**，它们是全等的多边形；其余各面叫作**棱柱的侧面**，它们都是平行四边形；相邻两侧面的公共边叫作**棱柱的侧棱**；侧棱与底面的公共顶点叫作**棱柱的顶点**.

棱柱的分类：

按底面的形状分，我们把底面是三角形、四边形、五边形……的棱柱分别叫作三棱柱、四棱柱、五棱柱……通常用表示底面各顶点的字母来表示棱柱，图 7-4 中的棱柱记作棱柱 $ABCD\text{-}A_1B_1C_1D_1$.

依据棱柱侧面和底面的形状，我们把棱柱分为斜棱柱、直棱柱、正棱柱等.

斜棱柱：有的侧面不是矩形的棱柱.

直棱柱：侧面都是矩形的棱柱.

正棱柱：底面是正多边形的直棱柱.

图 7-3 表示的是斜棱柱；图 7-4 表示的既是四棱柱，也是直棱柱.

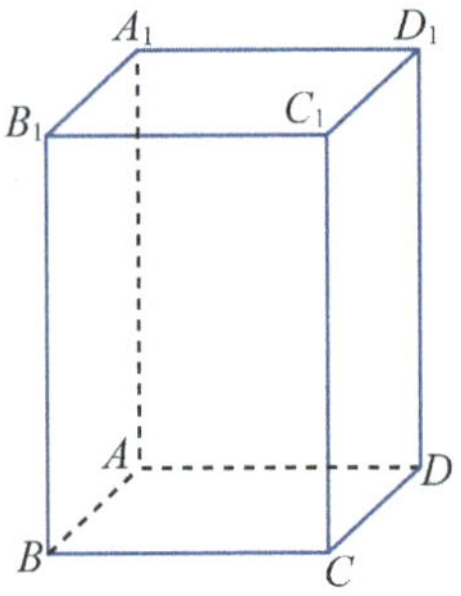

图 7-4

2. 棱锥

观察图 7-5，它是常见的锥状几何体，可以看出，这类几何体是由平面图形围成的多面体，它们具有的公共特征是：有一个底面是多边形，其余各面都是三角形，并且这些三角形有一个公共顶点.

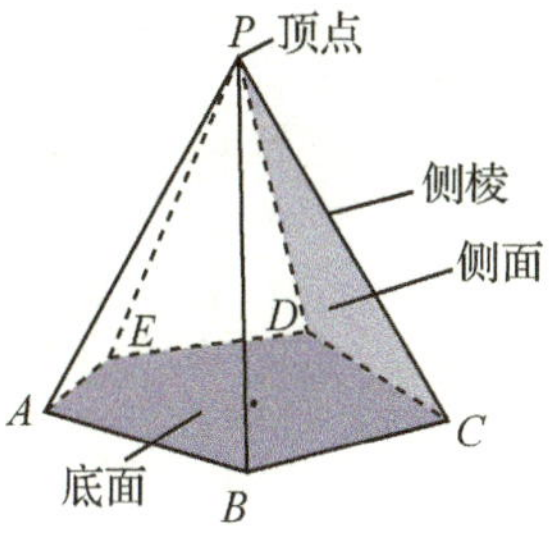

图 7-5

抽象概括

一般地，有一个面是多边形，其余各面都是有公共顶点的三角形，由这些面所围成的多面体叫作**棱锥**. 这个多边形面叫作**棱锥的底面**；有公共顶点的各个三角形面叫作**棱锥的侧面**；相邻侧面的公共边叫作**棱锥的侧棱**；各侧面的公共顶点叫作**棱锥的顶点**；顶点到底面上的垂直投影的距离叫作**棱锥的高**.

棱锥的分类：

依据底面的形状，我们把底面是三角形、四边形、五边形……的棱锥分别叫作三棱锥、四棱锥、五棱锥……棱锥通常用表示顶点和底面各顶点的字母来表示，图 7-5 中的五棱锥记作棱锥 $P\text{-}ABCDE$.

按棱锥顶点在底面上的投影位置及底面的形状分，我们把顶点在底面上的垂直投影是底面的中心且底面为正多边形的棱锥称为**正棱锥**. 比如，正四棱锥的底面是正方形且顶点在底面上的垂直投影是底面的中心.（点 P 在平面上的垂直投影是指过点 P 作平面的垂线，垂线与这个平面的交点）

概念
棱锥
棱锥的底面
棱锥的侧面
棱锥的侧棱
棱锥的顶点
棱锥的高
正棱锥

笔记

随堂练习

1. 下列几何体中是棱柱的有________；是棱锥的有________.

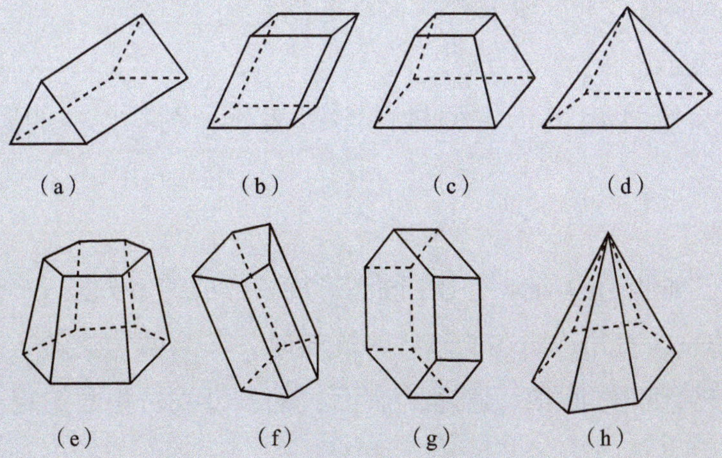

第 1 题图

2. 根据下列对几何体结构特征的描述，说出几何体的名称.

(1) 由六个面围成，其中两个面是互相平行且全等的矩形，其他面都是矩形；

(2) 底面是一个正方形，其余各面是有一个公共顶点的全等三角形.

概念

旋转体

旋转体的轴

圆柱

圆柱的轴

圆柱的底面

圆柱的侧面

圆柱侧面的母线

圆锥

有些几何体不是由若干个平面多边形围成的，而是由一个平面图形绕它所在平面内的一条定直线旋转而成的．我们把由一个平面图形绕它所在平面内的一条定直线旋转所形成的曲面叫作旋转面，封闭的旋转面围成的几何体叫作**旋转体**(图 7-6)．这条定直线叫作**旋转体的轴**．图 7-1 中的(g)(h)(i)就是旋转体.

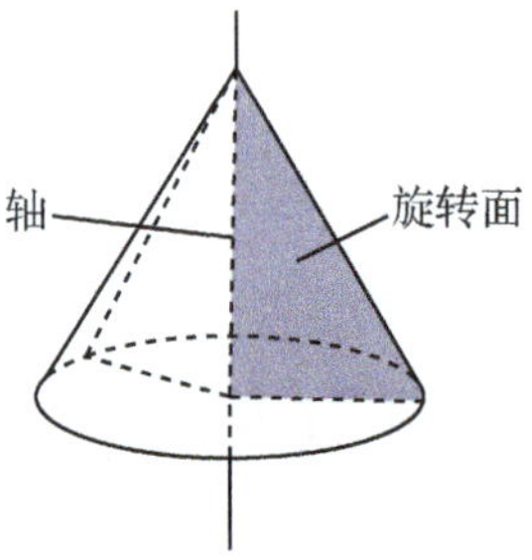

图 7-6

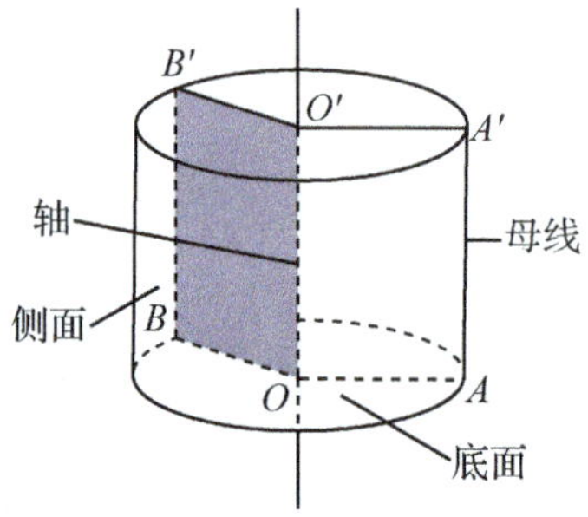

图 7-7

笔 记

3. 圆柱

如图 7-7 所示，由以矩形 $BOO'B'$ 的一边所在的直线为旋转轴，其余三边旋转一周形成的面所围成的旋转体叫作**圆柱**．旋转轴叫作**圆柱的轴**；垂直于轴的边旋转而成的圆面叫作**圆柱的底面**；平行于轴的边旋转而成的曲面叫作**圆柱的侧面**；无论旋转到何处，平行于轴的边都叫作**圆柱的母线**.

两个底面圆心之间的距离称为圆柱的高．

圆柱的表示方法：

一般地，圆柱用表示它的轴的字母表示，图 7-7 中的圆柱记作圆柱 OO'.

4. 圆锥

同理，圆锥也可以看作是由平面图形旋转而成的．如图 7-8 所示，由以 $\mathrm{Rt}\triangle OSB$ 的一条直角边所在的直线为旋转轴，其余两边旋转一周形成的面所围成的旋转体叫作**圆锥**．圆锥的底面、轴、母线、侧面的定义可参照圆柱的.

圆锥的表示方法：

圆锥也用代表它的轴的字母表示，图 7-8 中的圆锥记作圆锥 SO.

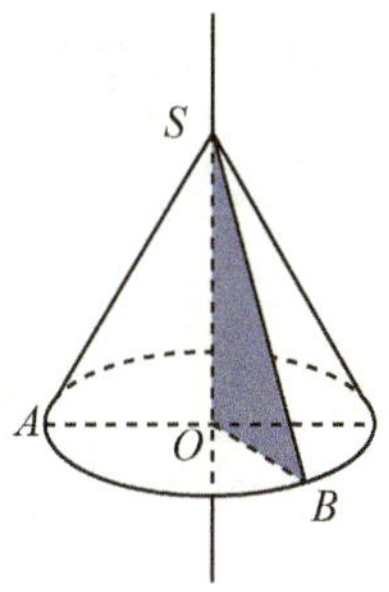

图 7-8

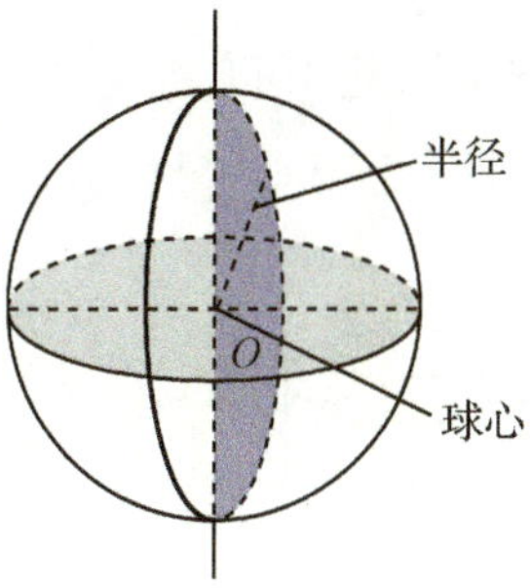

图 7-9

5. 球

如图 7-9 所示，一个半圆以它的直径所在的直线为旋转轴，旋转一周形成的曲面叫作球面，球面所围成的旋转体叫作**球体**，简称**球**. 半圆的圆心叫作**球的球心**，连接球心和球面上任意一点的线段叫作**球的半径**，连接球面上两点，若该线段经过球心，则该线段叫作**球的直径**. 球的截面是圆面.

概念
球
球的球心
球的半径
球的直径

球通常用表示球心的字母来表示，图 7-9 中的球记作球 O.

如图 7-10 所示，用平面去截球，观察截面的形状，可以得到球的如下性质(证明略).

球的截面是圆，并且球心与截面圆圆心的连线垂直于截面.

设球心到截面的距离为 d，球的半径为 R，截面圆的半径为 r（图 7-10），则

$$d=\sqrt{R^2-r^2}.$$

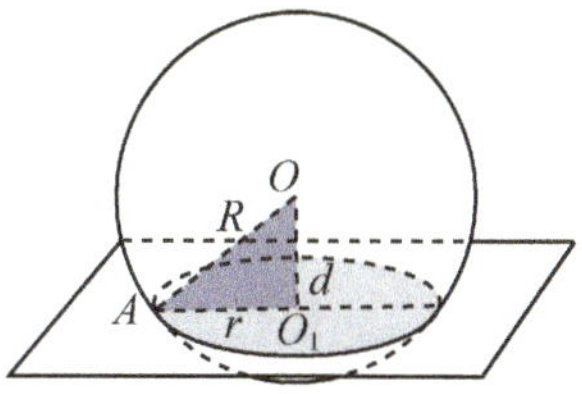

图 7-10

经过球心的平面截球，所得的圆叫作球的大圆. 此时 $d=0$，$R=r$，截得的圆的半径最大. 不经过球心的平面截球，所得的圆叫作球的小圆.

经过球面上两点的大圆在这两点间的一段劣弧长叫作**球面上两点的球面距离**. 它是球面上这两点之间的最短距离.

多面体和旋转体统称为简单几何体.

概念
球面上两点的球面距离

随堂练习

1. 填空题.

(1) 圆柱是由以______一边所在的直线为旋转轴，其余三边旋转一周形成的面所围成的旋转体；

(2) 圆锥是由以______的一条______边所在的直线为旋转轴，其余两边旋转一周形成的面所围成的旋转体；

(3) 球是一个半圆____________所在的直线为旋转轴，旋转一周而得到的几何体.

笔 记

2. 标出下图中圆柱和圆锥的旋转轴、母线，球的球心、半径，并为几何体命名.

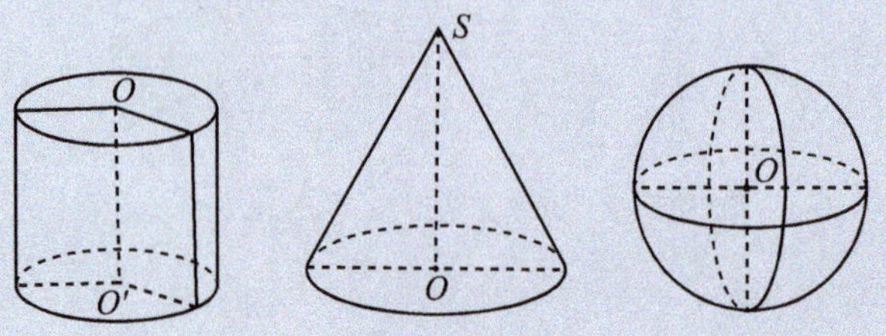

第 2 题图

7.1.2 中心投影和平行投影

描述空间中的简单几何体，准确地认识简单几何体的结构特征是认识简单几何体的首要步骤，它与日常生活中随处可见的投影现象具有相同的原理.

观察思考

观察以下现象.

现象一：用手电筒把一个三角板投射到墙上，三角板会在墙上留下影子，而且，随着三角板与手电筒之间的距离的变化，影子的大小也会相应变化. (图 7-11)

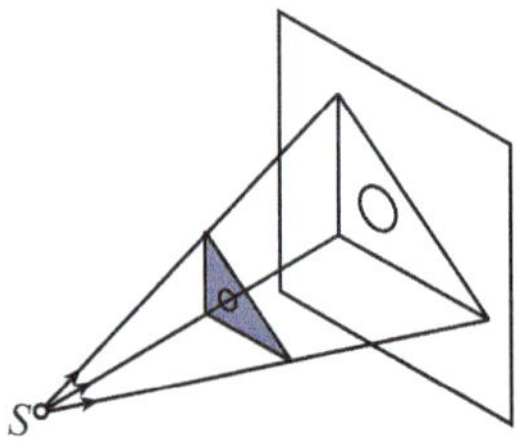

图 7-11

现象二：用光线照射物体，只要有光线，被照射的物体就会存在影子，影子具有一定的形状与大小.

思考：为什么有的影子的形状、大小与原物体保持一致，有的影子的大小会发生变化?

分析理解

通过观察，可以发现光线照射物体产生的影子的大小与原物体的关系与照射光线有关，也与留下影子的平面有关.

用光线照射物体在某个平面上得到影子，照射光线叫作**投射线**，投影所在的平面叫作**投影面**. 人们对这种现象加以抽象、研究，归纳、总结，得到了成熟的、科学的投影法理论. 投影法是将几何体展示在平面上的基本方法，是绘制机械工程图的基础. 根据投射线的具体情况，投影可分为中心投影和平行投影.

抽象概括

由同一点(点光源)发出的光线形成的投影叫作**中心投影**. 中心投影现象在日常生活中非常普遍. 人们在摄影、绘画中经常会用到中心投影.

由平行光线形成的投影叫作**平行投影**(通常太阳光线被认定为是平行光线). 平行投影的投射线是平行的, 平行投影又分为正投影和斜投影, 如图 7-12 所示.

概念
中心投影
平行投影

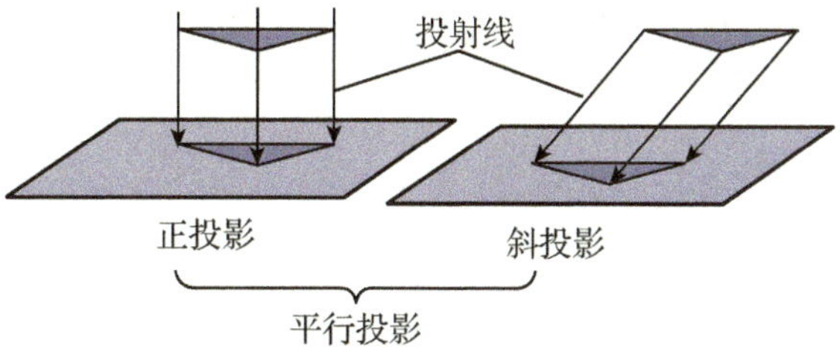

图 7-12

(1) 投射线垂直于投影面, 所得投影称为**正投影**.

(2) 投射线斜着照射投影面, 所得投影称为**斜投影**.

概念
正投影
斜投影

在平行投影中, 当物体的某个面平行于投影面时, 这个面的正投影与这个面的形状、大小完全相同.

利用中心投影和平行投影, 我们可以借助斜二测法和三视图, 画出一些几何体. 中心投影得到的图形与原物体的形状相比虽然改变较多, 但直观性强, 看起来与人的视觉效果一致, 最像原来的物体, 因此画实际效果图时, 一般用中心投影法, 画立体几何中的图形时一般用平行投影法.

中心投影形成的投影可以非常逼真地反映出原来物体的形状, 因此主要运用于绘画领域, 也常用来概括地描绘一个物体的样貌, 但由于中心投影的投影中心(点光源)、投影面和物体的相对位置改变时, 投影的大小和形状也将改变, 故不宜度量, 因此工程制图和技术制图中一般不采用中心投影法, 而采用平行投影法.

笔记

合作交流

交流探讨, 说出中心投影和平行投影的联系与区别.

随堂练习

1. 填空题.

(1) 用光线照射物体, 在某个平面上得到影子, 照射光线叫作________, 投影所在的平面叫作________.

笔记

(2) 由________发出的光线形成的投影叫作中心投影；中心投影的投射线相交于________；平行投影的投射线互相________.

2. 判断题.（正确的画"√"，错误的画"×"）

(1) 平行投影的投射线互相平行，中心投影的投射线相交于一点.（　　）

(2) 直线经过中心投影后，仍然是直线(投影为点除外)，但平行线可能变成相交的直线.（　　）

(3) 空间几何体在平行投影与中心投影下有不同的表现形式.（　　）

7.1.3 简单几何体的三视图画法

观察思考

当站在上海东方明珠广播电视塔前时，我们只能看到它的一个侧面，许多人绕着电视塔反复观看后，才对东方明珠广播电视塔有较为完整的感知；在生活和生产实践中，我们经常看到各种各样的图纸，如机械加工中的机械制图、服装制作过程中的服装设计图、建筑施工图等，可以说加工制造、生产实践、工程建设都离不开设计图纸，它们都是用平面图形来描述物体的形状和大小的，人们根据设计师的图纸，可以进行生产、加工.要看懂这些图纸，需要具备较好的看图、识图、作图能力，本节将学习看图、识图的一些基本知识.

问题提出

以长方体、圆柱、圆锥这些最常见的简单几何体为例，如何用平面图形来表示才能让人们在头脑中感知到这些几何体的形状和大小?

分析理解

光线照射一个几何体，在一个投影面上可以得到一个投影，但投影有时不能完整地反映几何体的结构特征．因此，我们经常需要观察几何体的多个方位的投影，以较好地把握几何体的整体形状和大小.

当我们从某一方向观察一个物体时，所看到的平面图形叫作物体的一个视图，视图可以看作物体在某一方向的光线下的正投影，对于同一个物体，如果从不同方向观察，所得到的视图可能不同.

对于一个几何体而言，光线由前向后照射，得到的正投影叫作**几何体**

的正视图；光线由左向右照射，得到的正投影叫作**几何体的左视图**；光线由上向下照射，得到的正投影叫作**几何体的俯视图**.

几何体的正视图、左视图、俯视图叫作**几何体的三视图**．三视图的排列规则一般是：先画正视图，俯视图放在正视图的正下方，正视图与俯视图的长度一样；左视图安排在正视图的正右方，左视图与正视图的高度一样；俯视图与左视图共同反映物体的宽度，所以其宽度相等．也就是“正左等高，左俯等宽，正俯等长”.

概念
几何体的正视图
几何体的左视图
几何体的俯视图
几何体的三视图

三视图投影规律：正视图反映了几何体的高度和长度；左视图反映了几何体的高度和宽度；俯视图反映了几何体的长度和宽度．从不同的角度观察同一个几何体可以得到不同的三视图.

下面先以长方体、圆柱、圆锥为例，看看熟悉的简单几何体的三视图.

笔 记

例 1 试画出一个长方体的三视图.

解 长方体的三视图如图 7-13 所示.

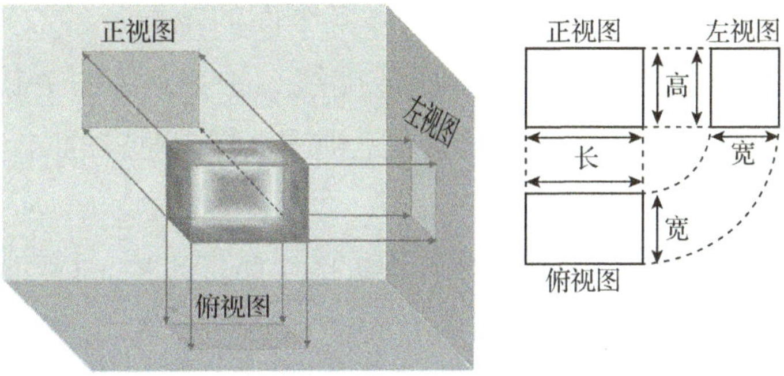

图 7-13

从图 7-13 中可以发现，长方体的三视图中，正视图与左视图等高，左视图与俯视图等宽，正视图与俯视图等长.

例 2 试画出一个圆柱的三视图.

解 圆柱的三视图如图 7-14 所示.

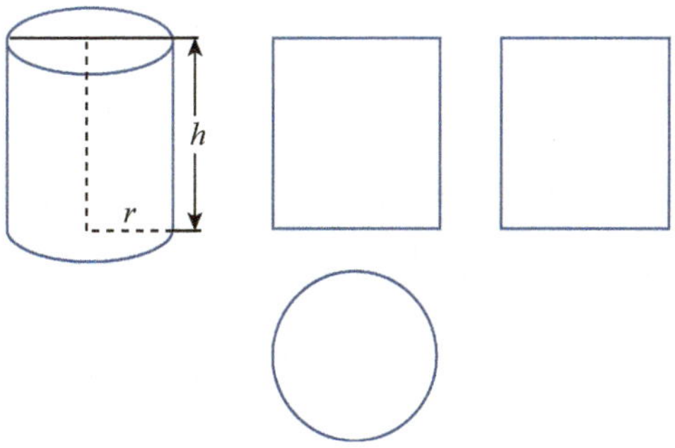

图 7-14

笔记

例 3 试画出一个圆锥的三视图.

解 圆锥的三视图如图 7-15 所示.

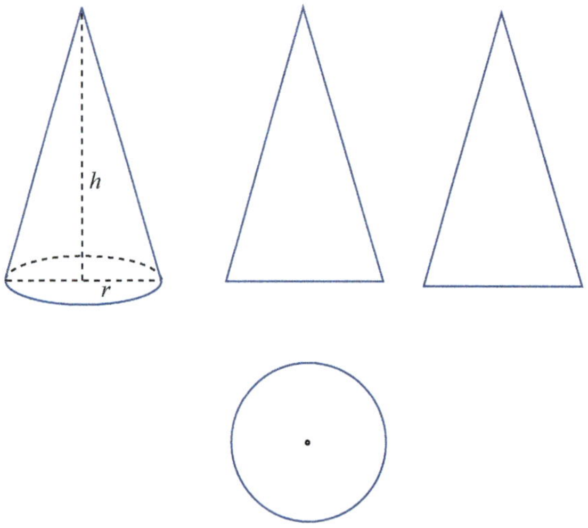

图 7-15

画几何体的三视图，画的是几何体在三个投影面上的投影，要注意观察方向并进行合理想象，要关注几何体各个面的轮廓及各边界的尺寸，画三视图时应注意被挡住的轮廓线要画成虚线．图 7-14、图 7-15 中圆柱、圆锥的底面半径为 r，高为 h，请试着在三视图上标出对应的内容.

例 4 观察图 7-16 中的几何体，根据图中所标示的正视图、左视图、俯视图方向，回答下列问题.

(1) 指出该几何体是由哪个简单几何体通过何种方式形成的；

(2) 试画出该几何体的三视图.

分析 容易观察出该几何体是由一个长方体切割掉一个三棱锥而形成的. 画几何体的三视图通常采用的步骤有：先分析后选择，先基准后轮廓，先关键后其他，三视图一起画．先分析三视图的方位，再分析几何体的长、宽、高分别是哪一条线. 按照“正俯长对正，正左高平齐，左俯宽相等”的要求进行构图. 画图过程中可视轮廓线画为实线，看不到的轮廓线画为虚线.

解 (1) 该几何体是由一个长方体切割掉一个三棱锥而形成的；

(2) 几何体三视图如图 7-17 所示.

笔 记

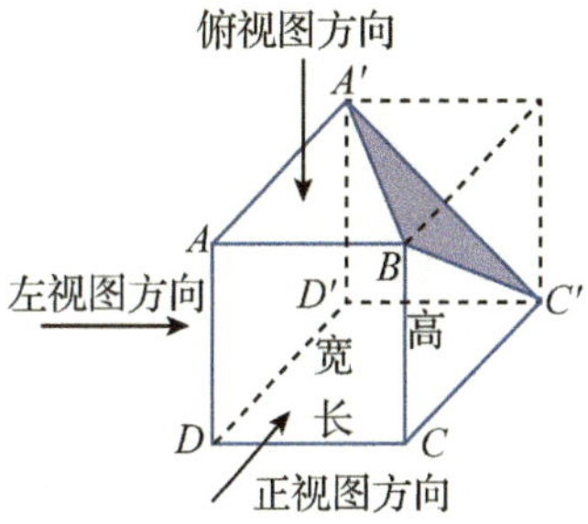

图 7-16

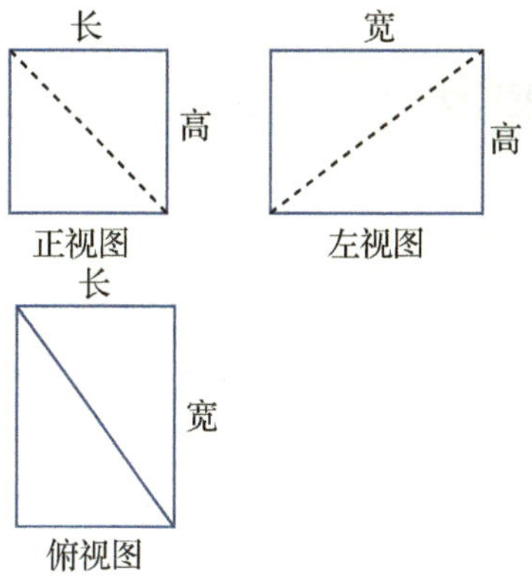

图 7-17

合作交流

观察图 7-17，请指出几何体的七个顶点在正视图上对应哪个位置？在左视图、俯视图上呢？正视图、左视图中为什么有两条线是虚线？

随堂练习

1. 画出下列几何体的三视图.［本题图(b)中的几何体是由正方体截得的］

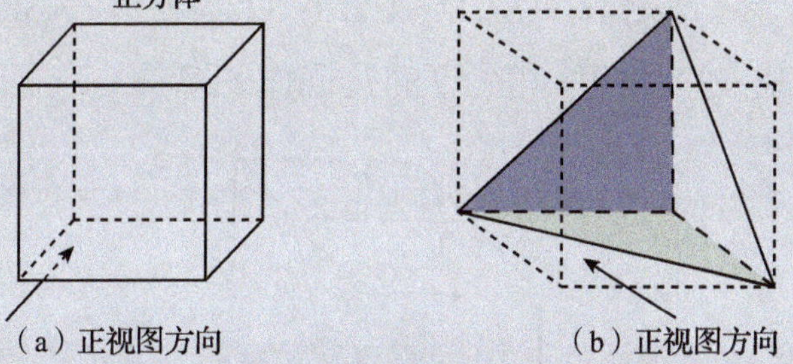

第 1 题图

2. 下图中的几何体是由正方体截得的，根据图中所标示的正视图方向画出该几何体的三视图.

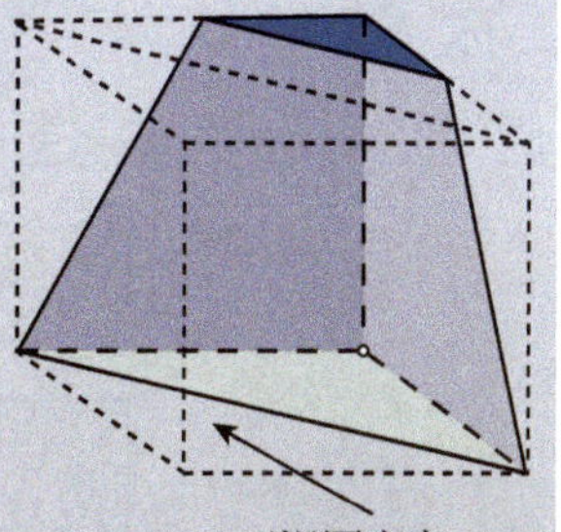

第 2 题图

笔记

习题 7.1

水平一

1. 判断题.（正确的画“√”，错误的画“×”）

(1) 直角三角形以其一边为轴旋转一周所得的旋转体是圆锥.（　　）

(2) 圆柱、圆锥的底面都是圆.（　　）

2. 分别画出下列两个几何体的三视图.

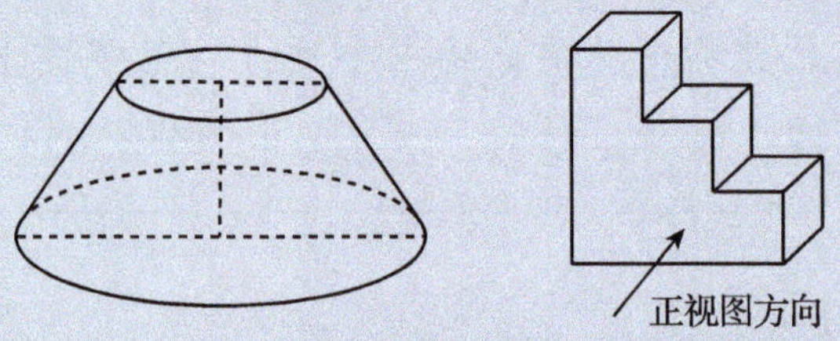

（a）　　（b）

第 2 题图

水平二

1. 如图所示，长方体 $ABCD\text{-}A'B'C'D'$ 被截去一部分，其中 $EF /\!/ A'B'$. 请说出截去的几何体和剩下的几何体的名称.

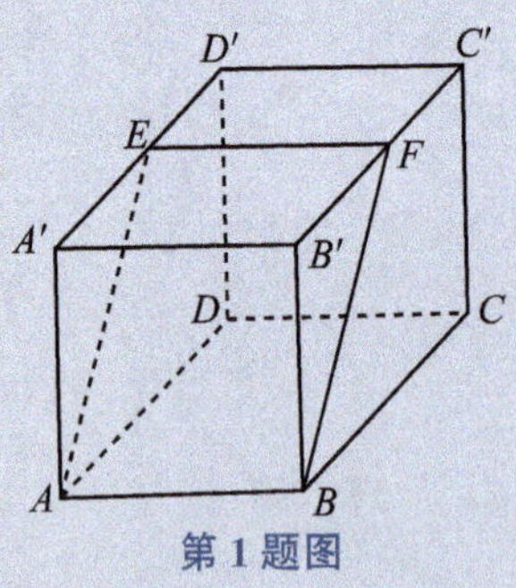

第 1 题图

2. 根据下列三视图，想象对应的几何体，并说出它们的名称.

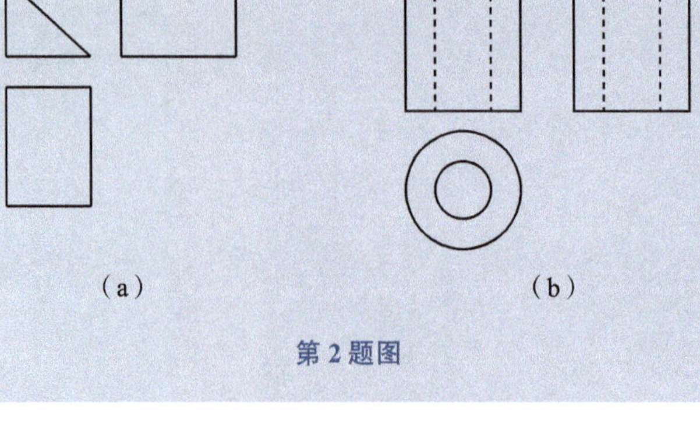

（a）　　（b）

第 2 题图

笔 记

3. 下图是一块被挖去两部分的小木板，在尺寸合适的情况下，下列物体可以放入两个孔洞中并能完全堵住孔洞的可能是(　　).

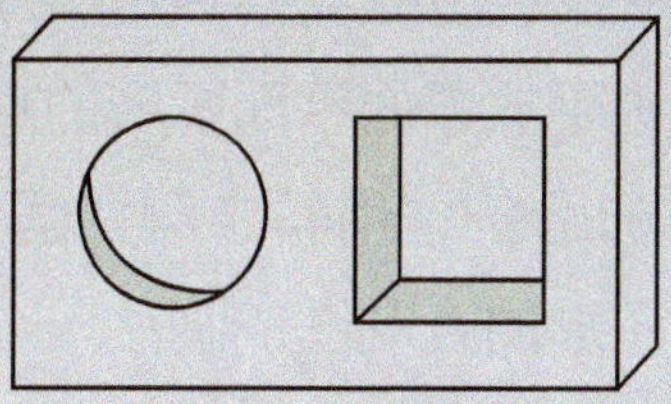

第 3 题图

7.2　简单几何体的直观图

7.2.1　斜二测法

观察思考

三视图和直观图在机械制造、工程建设及许多日常生活中具有重要意义．三视图是观察者从三个角度观察同一几何体而画出的图形．日常所看到的更多的是观察者从某一点观察几何体而获得的图形，我们称这样的图形为几何体的**直观图**．图 7-18 是一个正方体的直观图．

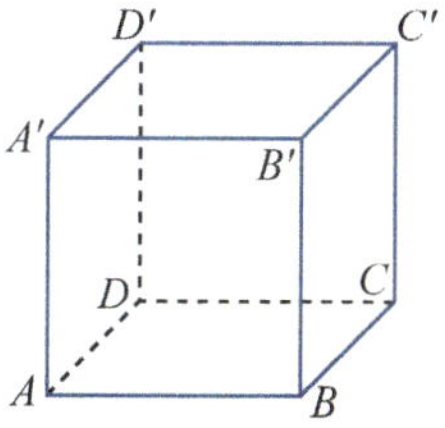

图 7-18

画几何体的直观图，实际上是把不完全在同一平面内的点的集合，用同一平面内的点表示．因此，直观图往往与几何体的真实形状不完全相同．在立体几何中，几何体的直观图通常是在平行投影下得到的平面图形．

要画几何体的直观图，首先要学会画水平放置的平面图形的直观图．

问题提出

画水平放置的平面图形的直观图和画简单几何体的直观图的步骤是什么？

笔记

分析理解

要画简单几何体的直观图，首先要会画水平放置的平面图形的直观图．通常我们采用斜二测法画水平放置的平面图形的直观图．这是一种特殊的平行投影画法．下面以正方形为例，用斜二测法画水平放置的正方形的直观图，说明水平放置的平面图形的直观图的画法.

画法：(1) 如图 7-19(a)所示，在正方形 $ABCD$ 中，以两条直角边 AB，AD 所在的直线为 x 轴、y 轴，两轴相交于点 O(点 A 与点 O 重合)．在图 7-19(b)中，画相应的 x'轴、y'轴，两轴相交于点 O'，且$\angle x'O'y'=45°$(或 135°)，它们确定的平面表示水平面.

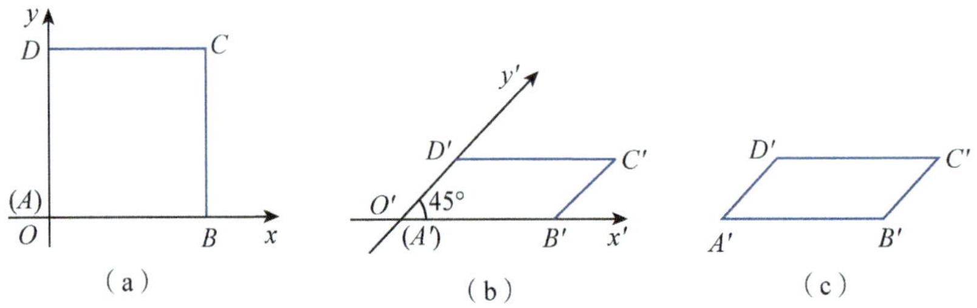

图 7-19

(2) 确定图 7-19(a)中各顶点在图 7-19(b)中的对应位置．点 A 在图 7-19(b)中对应坐标原点 O'，在 x'轴上取 $A'B'=AB$(点 A'与 O'重合)，在 y'轴上取 $A'D'=\dfrac{1}{2}AD$，过 D'画 $D'C'$平行于 x'轴，并且 $D'C'=DC$.

(3) 连接 $B'C'$，并擦去辅助线 x'轴、y'轴，便获得了水平放置的正方形 $ABCD$ 的直观图 $A'B'C'D'$，如图 7-19(c)所示．

抽象概括

概念
斜二测法

上述画水平放置的平面图形的直观图的方法称为**斜二测法**，它的基本步骤是：

(1) 在已知图形中选取适当位置，取互相垂直的两条直线为 x 轴、y 轴，两轴相交于点 O，建立平面直角坐标系．画直观图时，把它们画成对应的 x'轴、y'轴，两轴相交于点 O'，使$\angle x'O'y'=45°$(或 135°)，它们确定的平面表示水平面.

(2) 已知图形中平行于 x 轴的线段，在直观图中画成与 x'轴平行的线段，并且保持原长度不变；平行于 y 轴的线段，在直观图中画成与 y'轴(注

意与 x' 轴成 45°)平行的线段，长度变为原来的$\frac{1}{2}$.

(3) 连接各顶点，擦去辅助线 x' 轴、y' 轴，得到的图形为该图形的直观图.

生活经验告诉我们，水平放置的正方形的直观图看起来像平行四边形，水平放置的圆的直观图看起来像椭圆，水平放置的正三角形的直观图不是正三角形.(图 7-20)

图 7-20

例　用斜二测法画边长为 2 cm 的水平放置的正三角形的直观图.

分析　*建立合适的平面坐标系，然后按斜二测法画图.*

解　如图 7-21(a)所示，在正$\triangle ABC$ 中选取适当的边建立平面直角坐标系；

作出平面坐标系 $x'A'y'$，使$\angle x'A'y'=45°$，在 x' 轴上作线段$A'C'$，使$A'C'=AC$；

取$A'C'$的中点D'，过D'作线段$D'B'$，使$D'B'$平行于y'轴且$D'B'=\frac{1}{2}DB$；

连接$A'B'C'$，擦去辅助线，即可得到正三角形的直观图，如图 7-21(b)所示.

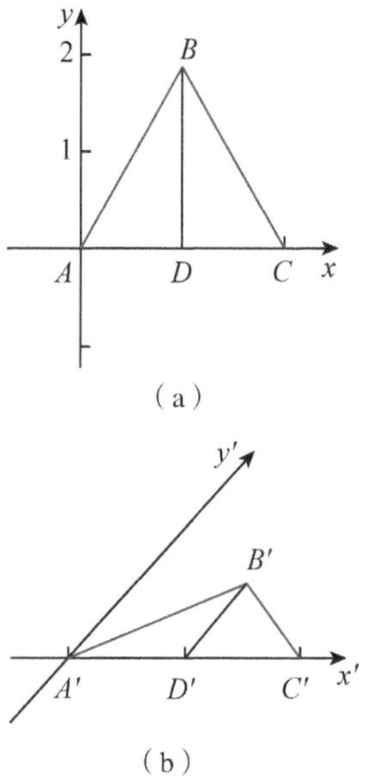

图 7-21

水平放置的正方形、正三角形、圆的直观图分别为平行四边形、普通的三角形和椭圆.

合作交流

上例中用斜二测法画水平放置的平面图形的直观图时，在原图形中如何选择合适的位置建立平面直角坐标系？

随堂练习

1. 用斜二测法画出图(a)中水平放置的$\triangle ABC$ 的直观图，直接在图(b)中标注，保留辅助线.

笔记

2. 用斜二测法画出水平放置的正六边形的直观图.

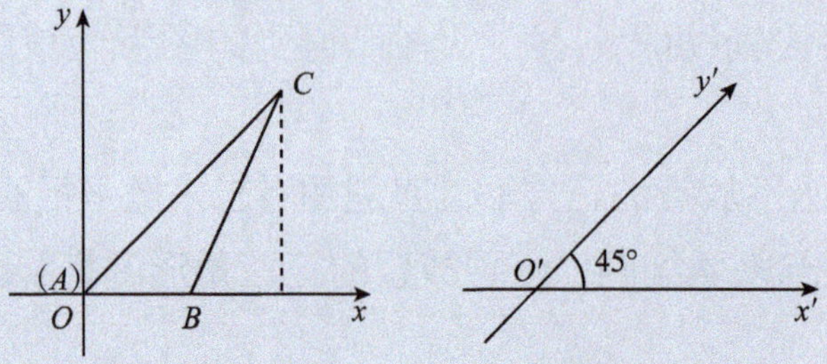

(a) (b)

第 1 题图

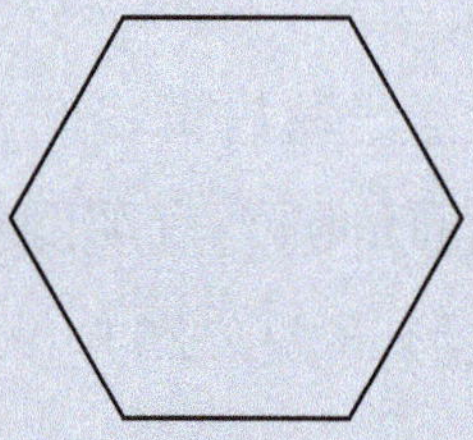

第 2 题图

3. 关于用斜二测法得到的水平放置的平面图形的直观图，下列说法是否正确，正确的画“√”，错误的画“×”.

(1) 正方形的直观图是正方形. ( )

(2) 三角形的直观图是三角形. ( )

(3) 圆的直观图是圆. ( )

(4) 平行四边形的直观图是平行四边形. ( )

(5) 菱形的直观图是菱形. ( )

7.2.2 简单几何体的直观图画法

问题提出

学会了水平放置的平面图形的直观图画法，简单几何体的直观图该如何完成呢?

分析理解

下面以正方体为例探究简单几何体的直观图的画法．用斜二测法画棱长为 4 cm 的正方体 $ABCD\text{-}A'B'C'D'$ 的直观图.

用斜二测法画简单几何体的直观图，一是先建立空间直角坐标系，尽量让比较多的顶点落在空间直角坐标系的坐标轴上可简化作图过程；二是确定各顶点在空间直角坐标系中的位置，并连接成图；三是去除辅助线，并将遮挡住的部分改为虚线.

画法：(1) 画轴．如图 7-22(a)所示，建立空间直角坐标系，画 x 轴、y 轴、z 轴，三轴相交于点 O，使 $\angle xOy=45°$，$\angle xOz=90°$.

(2) 画底面．以 O 为顶点，在 x 轴的正半轴上取线段 AB(点 O 与点 A 重合)，使 $AB=4$ cm；在 y 轴的正半轴上取线段 AD，使 $AD=2$ cm．过点

笔记

B 作 y 轴的平行线，过点 D 作 x 轴的平行线，这两条线交于点 C，平行四边形 $ABCD$ 就是正方体底面 $ABCD$ 的直观图.

(3) 画侧棱. 在 z 轴的正半轴上取线段 AA'，使 $AA'=4$ cm，分别过 B，C，D 各点作 z 轴的平行线，并在这些平行线上分别截取 4 cm 长的线段 BB'，CC'，DD'.

(4) 成图. 连接点 A'，B'，C'，D'，去掉辅助线，并将被遮挡的部分改为虚线，就得到了正方体 $ABCD$-$A'B'C'D'$的直观图，如图 7-22(b)所示.

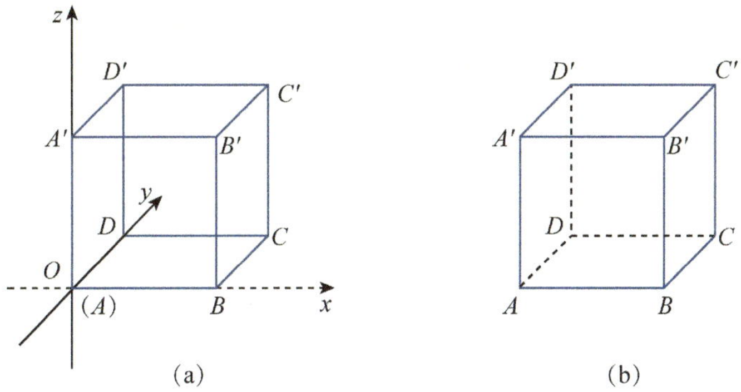

图 7-22

例　如图 7-23 所示，已知一个几何体的三视图，用斜二测法画出它的直观图.

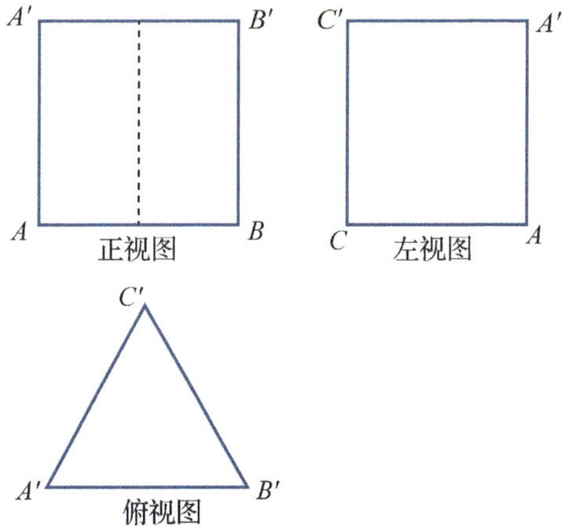

图 7-23

分析　由几何体的三视图可知，这个几何体是一个正三棱柱. 底面是俯视图呈现的正三角形，左视图的宽与底面等边三角形的高相等，据此可判断正三棱柱的放置方式. 我们可以先画出底面正三角形的直观图，再确定几何体其他的顶点，之后即可连接成图.

画法：(1) 画轴. 如图 7-24(a)所示，建立空间直角坐标系，画 x 轴、y 轴、z 轴，三轴相交于点 O，使$\angle xOy=45°$，$\angle xOz=90°$.

(2) 画底面正三角形的直观图. 在 x 轴的正半轴上取线段 AB(点 O 与点 A 重合)，使 AB 的长与俯视图中正三角形的边长 $A'B'$相等，在 x 轴上

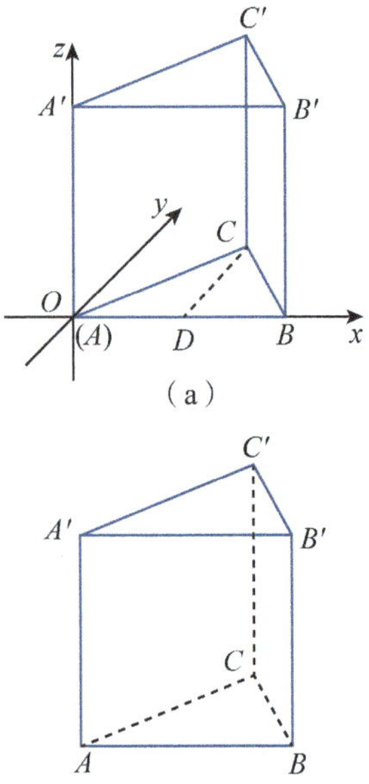

图 7-24

过 AB 的中点 D 作线段 DC 平行于 y 轴正半轴，且 DC 的长等于俯视图中正三角形的高的一半，连接 AC，BC.

(3) 画其他的顶点．在 z 轴的正半轴上取线段 AA'，使 AA' 的长与正视图中的边 AA' 相等，过 A' 作 $A'C' \mathrel{\underline{\parallel}} AC$，过 C' 作 $C'B' \mathrel{\underline{\parallel}} CB$，即可得到相对应的顶点.

(4) 成图．连接正三棱柱的各顶点．去掉辅助线，并将被遮挡的部分改为虚线，整理得到三视图所表示的几何体的直观图，如图 7-24(b)所示.

抽象概括

画简单几何体的直观图的步骤如上所述，包括：①画轴；②画底面；③确定底面外的其他顶点的位置；④成图．

几何体的三视图与直观图有着密切的联系，它们在工程技术图纸中有着广泛的应用，我们可以由简单几何体的直观图得到它的三视图，也可以由它的三视图得到直观图.

笔 记

合作交流

几何体的三视图和直观图都能够帮助我们从不同侧面认识几何体的结构，它们各有什么特点？在工程技术图纸中，需要标明零部件的精确尺寸，你认为应该用哪种方式画图？

随堂练习

1. 正三棱锥底面边长为 2 cm，高为 2 cm，用斜二测法画出正三棱锥的直观图.

2. 下图是一个几何体的三视图，试用斜二测法画出它的直观图.

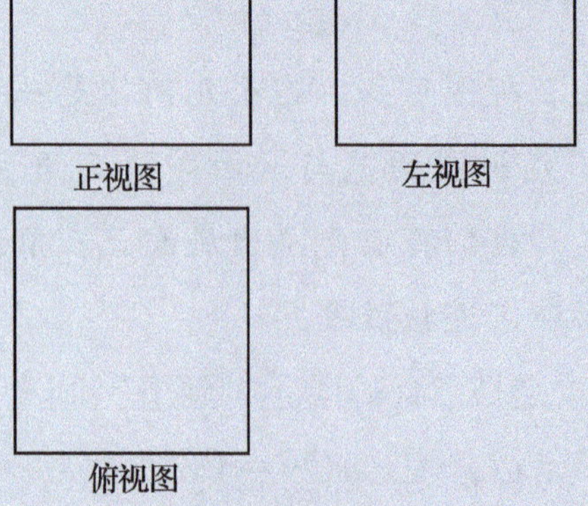

第 2 题图

笔 记

习题 7.2

水平一

1. 关于斜二测法，下列说法错误的是(　　).

A. 原图形中平行于 x 轴的线段，其对应线段平行于 x'轴，长度不变

B. 原图形中平行于 y 轴的线段，其对应线段平行于 y'轴，长度变为原来的$\frac{1}{2}$

C. 在画与平面直角坐标系 xOy 对应的 $x'O'y'$时，$\angle x'O'y'$必须是 45°

D. 在画直观图时，由于选轴不同，所得的直观图可能不同

2. 用斜二测法画水平放置的平面图形的直观图，请判断下列说法是否正确，正确的画"√"，错误的画"×".

(1) 水平放置的角的直观图一定是角.　　(　　)

(2) 相等的角在直观图中仍相等.　　(　　)

(3) 相等的线段在直观图中仍相等.　　(　　)

(4) 两条平行的线段在直观图仍平行.　　(　　)

3. 已知一菱形边长为 3 cm，其中一夹角为 60°，试用斜二测法画出它的直观图.

4. 正六棱锥底面边长为 2 cm，高为 2 cm，用斜二测法画出一个水平放置的正六棱锥的直观图，不保留画图痕迹.

水平二

1. 如图所示，梯形 $ABCD$ 中，$AB /\!/ CD$，$AB=4$ cm，$CD=2$ cm，$\angle DAB=30°$，$AD=3$ cm，试画出它的直观图.

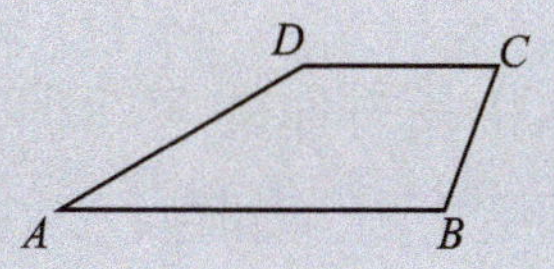

第 1 题图

笔记

2. 下图是一个几何体的三视图，试用斜二测法画出它的直观图.

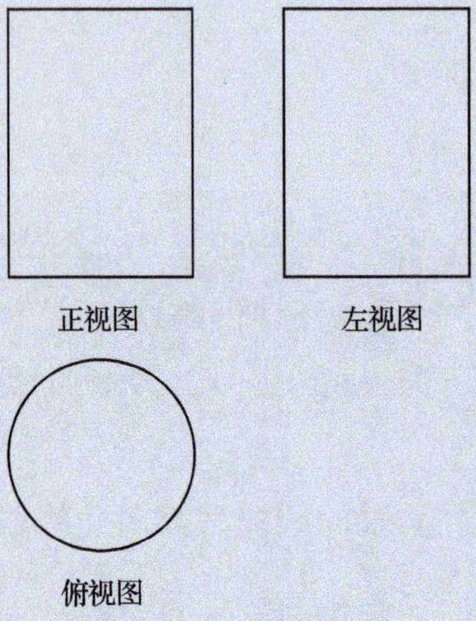

第 2 题图

3. 已知一个水平放置的四边形 $ABCD$ 用斜二测法画得的直观图是一个平行四边形 $A'B'C'D'$，其中 $A'B'=4$，$A'D'=4$，且 $\angle D'A'B'=45°$，求原四边形 $ABCD$ 的面积.

7.3 简单几何体的表面积

问题提出

在加工制造、建筑、测量等实际生产、生活中，人们经常要计算物体的表面积，我们已对简单几何体有了初步的认识．本节来学习简单几何体表面积的计算方法.

7.3.1 直棱柱、正棱锥的表面积

1. 直棱柱的表面积

分析理解

我们已经学习过正方体和长方体的表面积，正方体的表面积就是正方体展开图中 6 个正方形的面积之和，如图 7-25(a)所示.

如图 7-25(b)所示，把直棱柱的侧面沿着它的一条侧棱剪开，我们把它叫作直棱柱的侧面展开图. 直棱柱的侧面展开图的面积就叫作直棱柱的侧面积，侧面积和两个底面面积的和就叫作直棱柱的表面积.

笔记

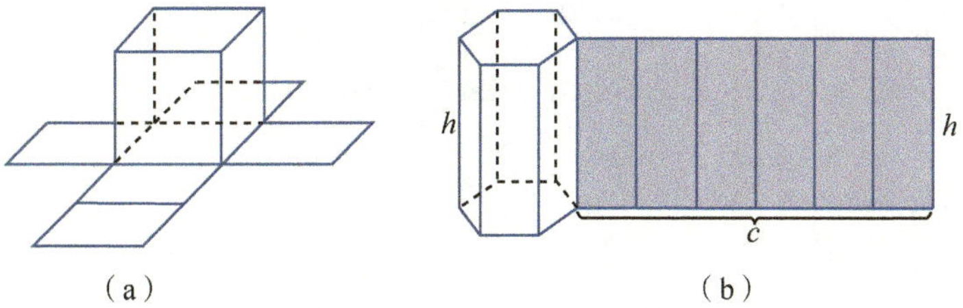

图 7-25

抽象概括

如图 7-25(b)所示，设直棱柱的高为 h，底面多边形的周长为 c，我们就可以得到直棱柱侧面积的计算公式：

$$S_{直棱柱侧}=ch.$$

我们也可以得到，直棱柱表面积(也叫作全面积)的计算公式：

$$S_{表面积}=S_{侧}+2S_{底}.$$

其中，$S_{侧}$ 表示直棱柱的侧面积，$S_{底}$ 表示直棱柱的一个底面的面积.

例 1　已知一个正三棱柱的底面边长为 3 cm，棱柱的高为 4 cm，求这个正三棱柱的侧面积和表面积.

分析　正三棱柱的侧棱垂直于底面，侧面展开图是矩形，可以使用直棱柱侧面积的计算公式直接计算.

解　正三棱柱的侧面积为

$$S_{侧}=3\times3\times4=36(\text{cm}^2).$$

由于边长为 3 cm 的正三角形的面积为

$$S_{底}=\frac{1}{2}\times\frac{3}{2}\sqrt{3}\times3=\frac{9\sqrt{3}}{4}(\text{cm}^2),$$

所以，正三棱柱的表面积为

$$S_{表面积}=S_{侧}+2S_{底}=36+2\times\frac{9\sqrt{3}}{4}=36+\frac{9\sqrt{3}}{2}(\text{cm}^2).$$

例 2　已知正四棱柱的侧面积为 32 cm^2，表面积等于 40 cm^2，求正四棱柱的高.

分析　正四棱柱是底面为正方形且侧棱垂直于底面的棱柱，故可设正四棱柱的高为 h，底面边长为 a，则侧面积 $S_{侧}=ch=4ah$，表面积 $S_{表面积}=S_{侧}+2S_{底}=4ah+2a^2$.

解　设正四棱柱的高为 h，底面边长为 a，依题意得

笔记

$$\begin{cases}4ah=32,\\4ah+2a^2=40.\end{cases}$$

解方程组，得$\begin{cases}a=2,(a=-2\text{ 舍去})\\h=4.\end{cases}$

所以这个正四棱柱的高为 4 cm.

合作交流

将斜棱柱的侧面沿着一条侧棱剪开并展开摊平在一个平面上，得到的图形一定是矩形或者平行四边形吗？斜棱柱的侧面积能用公式 $S_{侧}=ch$ 计算吗？

2. 正棱锥的表面积

分析理解

观察图 7-26 中的三个棱锥，底面分别为正三角形、正方形、正六边形，均满足底面是正多边形，并且每个棱锥的所有侧棱都相等这个条件，因此可将它们分别表示为正三棱锥 P-ABC、正四棱锥 P-$ABCD$、正六棱锥 P-$ABCDEF$.

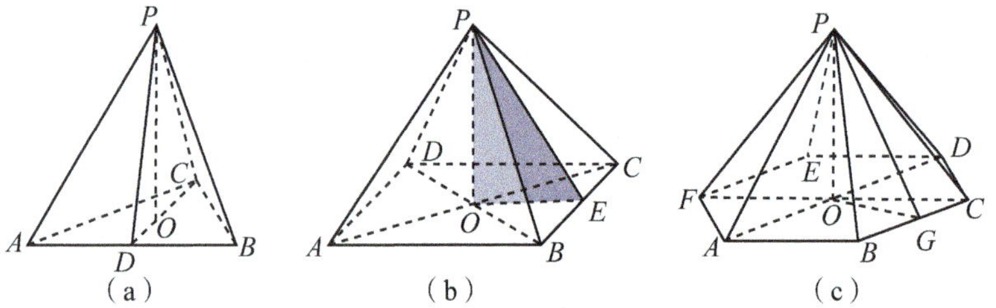

图 7-26

比较这三个正棱锥的侧棱、侧面形状等，可得出如下结论.

(1) 正棱锥的所有侧棱长都相等；

(2) 正棱锥的各侧面是全等的等腰三角形；

(3) 正棱锥的侧面三角形底边上的高叫作**正棱锥的斜高**，表示正棱锥顶点到该底边的距离. 正棱锥各个侧面上的斜高相等；

(4) 正棱锥顶点在底面的垂直投影是底面的中心，这投影到底面各顶点的距离相等.

概念
正棱锥的斜高

通常，正棱锥的高用 h 表示，正棱锥的斜高用 h' 表示.

请在图 7-26 中，分别标出正三棱锥、正四棱锥、正六棱锥的高 h 和斜高 h'.

观察正三棱锥的侧面展开图(图 7-27)，容易得到：

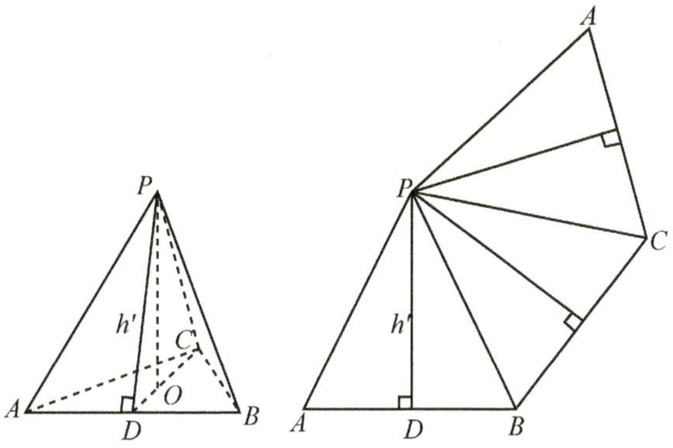

图 7-27

$S_{侧}=S_{\triangle PAB}+S_{\triangle PBC}+S_{\triangle PAC}$

$=\frac{1}{2}AB\cdot h'+\frac{1}{2}BC\cdot h'+\frac{1}{2}AC\cdot h'$

$=\frac{1}{2}(AB+BC+AC)\cdot h'$

$=\frac{1}{2}ch'$．(其中 c 为正三棱锥 $P\text{-}ABC$ 的底面周长)

笔记

抽象概括

设正棱锥底面多边形的周长为 c，正棱锥的斜高为 h'，可得正棱锥侧面积的计算公式：

$$S_{正棱锥侧}=\frac{1}{2}ch'.$$

正棱锥表面积(全面积)的计算公式为

$$S_{表面积}=S_{侧}+S_{底}.$$

其中，$S_{侧}$ 表示正棱锥的侧面积，$S_{底}$ 表示正棱锥的底面面积.

例 3　正四面体是所有棱长都相等的特殊的正三棱锥(它与普通正三棱锥的区别在于它的底边长与侧棱长相等而后者不相等)，已知正四面体 $D\text{-}ABC$ 的底面边长为 3 cm，求正四面体的斜高和表面积．

分析　**正四面体的每个面都是正三角形，取正四面体底边的中点 E，连接 DE，可证明其为正四面体的斜高，再利用锥体表面积的计算公式计算．**

解　如图 7-28 所示，取正四面体 $D\text{-}ABC$ 底边的中点 E，连接 DE，则 DE 为正四面体的斜高，那么

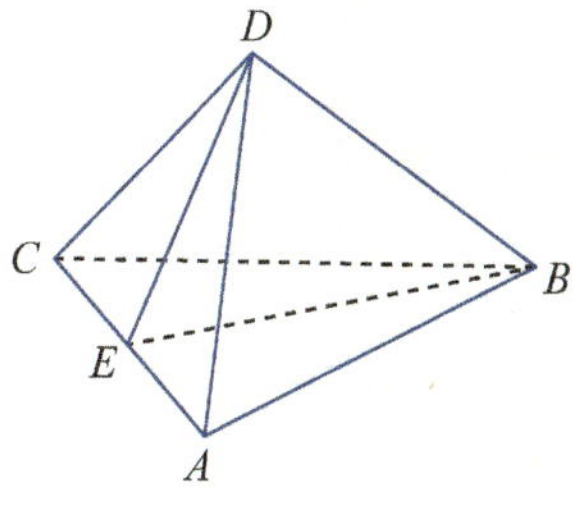

图 7-28

笔记

$h'=DE=\frac{3}{2}\sqrt{3}$,

$S_{表面积}=S_{侧}+S_{底}$

$=\frac{1}{2}\times3\times3\times\frac{3}{2}\sqrt{3}+\frac{1}{2}\times\frac{3\sqrt{3}}{2}\times3$

$=9\sqrt{3}$.

或 $S_{表面积}=4S_{\triangle ABC}$

$=4\times\frac{1}{2}\times3\times\frac{3}{2}\sqrt{3}=9\sqrt{3}$.

随堂练习

1. 下图中不可能围成正方体的是(　　).

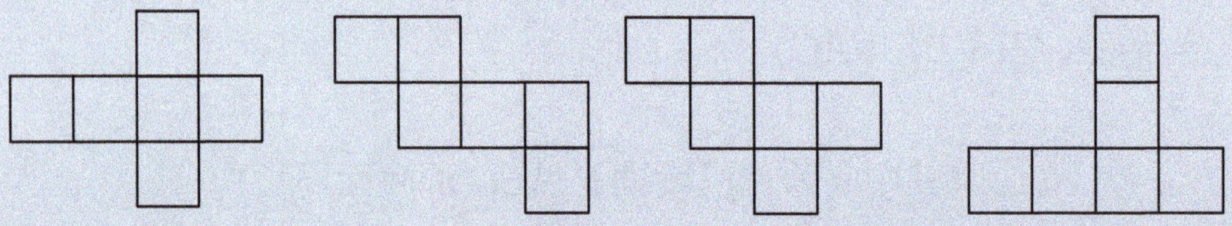

A.　　B.　　C.　　D.

2. 填空题.

(1) 正棱锥的侧面展开图是一些全等的__________.

(2) 正方体的棱长为 4 cm，则它的侧面积为________，表面积为__________.

(3) 正三棱柱的所有棱长都相等，侧面积等于 12 cm^2，则此正三棱柱的高是________.

(4) 设正 n 棱锥的底面边长为 a，底面周长为 c，斜高为 h'，则正 n 棱锥的侧面积计算公式为 $S_{正棱锥侧}=$__________.

(5) 如右图所示，长、宽、高分别为 3，2，1 的长方体盒子的左下方 A 处有一只蚂蚁，它要从 A 处爬行到长方体另一顶点 C' 处，请画出这只蚂蚁爬行的最短路线图，最短路线长为______________.

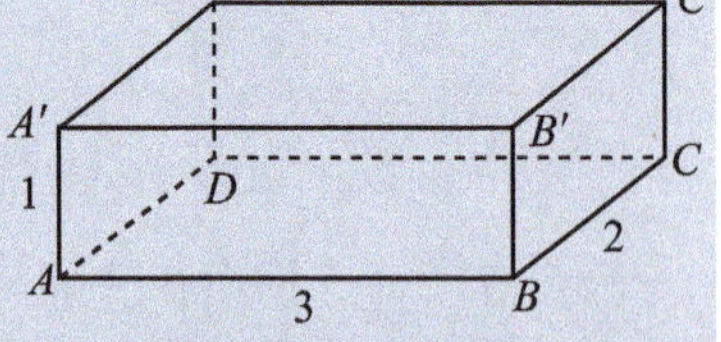

第 2 (5) 题图

3. 已知正四棱锥的底面边长为 4 cm，侧棱长为 $2\sqrt{10}$ cm，求该正四棱锥的侧面积和表面积.

7.3.2　圆柱、圆锥、球的表面积

1. 圆柱的表面积

笔记

分析理解

圆柱是以矩形的一边所在的直线为旋转轴，其余三边旋转形成的面所围成的几何体．用剪刀将圆柱的侧面沿着一条母线剪开，如图 7-29 所示，我们把它叫作圆柱的侧面展开图，它是一个矩形，一边长等于圆柱底面周长，另一边长等于圆柱的母线长，这个矩形的面积就叫作圆柱的侧面积．侧面积与两个底面面积之和就是圆柱的表面积．

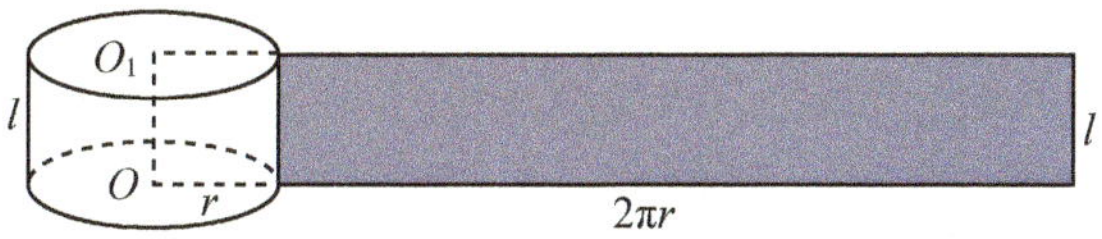

图 7-29

抽象概括

如图 7-29 所示，设圆柱的母线为 l，底面周长为 c，底面圆半径为 r，我们就可以得到圆柱侧面积的计算公式：

$$S_{圆柱侧}=cl=2\pi r\cdot l.$$

也可得到，圆柱表面积(全面积)的计算公式：

$$S_{圆柱表}=S_{侧}+2S_{底}=2\pi r\cdot l+2\pi r^2=2\pi r\cdot(l+r).$$

其中，$S_{侧}$ 表示圆柱的侧面积，$S_{底}$ 表示圆柱的一个底面的面积．

2. 圆锥的表面积

分析理解

已知圆锥的母线长 l 为 2 cm，圆锥的高 h 为 1 cm，计算这个圆锥的表面积．

用剪刀沿圆锥的母线将圆锥的侧面剪开，可发现其侧面展开图是以母线长为半径的一个扇形(图 7-30)，扇形的弧长等于圆锥底面的周长．扇形的面积就是圆锥的侧面积，侧面积与底面面积之和就是圆锥的表面积．

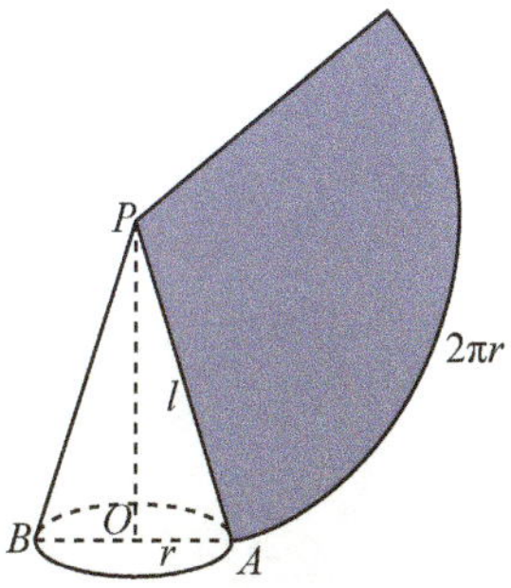

图 7-30

抽象概括

如图 7-30 所示，设圆锥的母线长为 l，底面周长为 c，底面圆半径为 r，我们就可以得到圆锥侧面积的计算公式：

$$S_{圆锥侧}=\frac{1}{2}cl=\frac{1}{2}\cdot 2\pi r\cdot l.$$
$$=\pi r\cdot l.$$

也可得到圆锥表面积(全面积)的计算公式：

$$S_{圆锥表}=S_{侧}+S_{底}$$
$$=\pi rl+\pi r^2$$
$$=\pi r(l+r).$$

其中，$S_{侧}$ 表示圆锥的侧面积，$S_{底}$ 表示圆锥的底面面积.

知识回顾

在初中，我们已经学习了扇形的有关知识，扇形是由圆周的一部分与它所对应的圆心角围成的图形. 扇形的面积 $S_{扇}=\frac{1}{2}LR$（L 为扇形弧长，R 为半径).

合作交流

比较圆柱与圆锥的侧面积的计算公式，它们之间有何联系，如何更好地理解、记忆公式？

笔记

3. 球的表面积

如果球的半径为 R，则它的表面积为

$$S_{球表面积}=4\pi R^2.$$

球的表面的展开图不是平面图形，球的表面积计算公式的推导过程以后另行证明.

例 1 某压路机的滚筒是一个圆柱形，滚筒的横截面的直径为 1 m，滚筒长为 1.8 m. 如果滚筒每分钟转动 8 圈，那么每分钟能压路多少平方米？(π 取 3.14，可用计算器，精确到 0.01)

分析 压路机的滚筒是一个圆柱体，转动一圈压路的面积等于这个圆柱体的侧面积，所以本题的关键是计算圆柱体的侧面积.

解 依题意可知，滚筒这个圆柱体的侧面积

$$S_{侧}=3.14\times1\times1.8=5.652(\text{m}^2),$$

所以滚筒每分钟能压路的面积

$$S=8\times S_{侧}=8\times5.652\approx45.22(\text{m}^2).$$

例 2　一个几何体的三视图如图 7-31 所示，计算该几何体的表面积.

分析　根据几何体的三视图可以判断出这个几何体是由一个圆柱和一个半球组合而成的．圆柱的底面半径为 1.5，高为 3，半球的半径为 1.5. 几何体的表面积由半球的表面积、圆柱的侧面积、圆柱的一个底面积三部分组成.

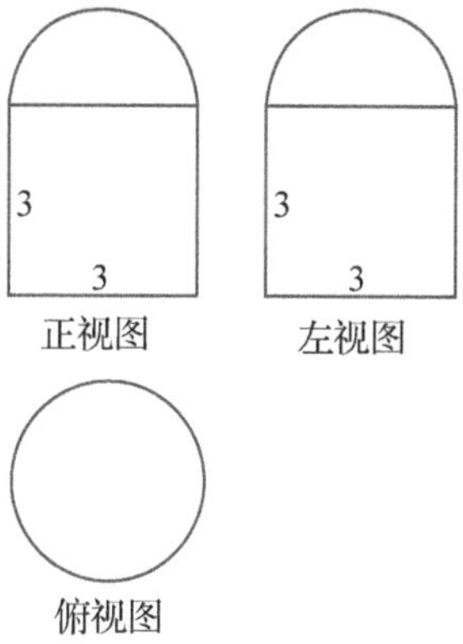

图 7-31

解　根据几何体的三视图可以判断出这个几何体是由一个圆柱和一个半球组合而成的，那么

$S_{半球表}=2\pi r^2=4.5\pi$,

$S_{圆柱侧}=2\pi rl=2\pi\times1.5\times3=9\pi$,

$S_{圆柱底}=\pi r^2=2.25\pi$.

所以

$S_{表}=S_{半球表}+S_{圆柱侧}+S_{圆柱底}=15.75\pi$,

即所求几何体的表面积为 15.75π.

随堂练习

笔 记

1. 填空题.

(1) 若圆柱的底面半径为 r，母线长为 l，则其侧面展开图是一边长为______，另一边长为______的矩形.

(2) 如果圆柱的侧面展开图是一个正方形，这个圆柱的底面直径为 6 cm，那么圆柱的高为________ cm.

(3) 若圆锥的底面半径为 r，母线长为 l，则其侧面展开图是半径为______，弧长为________的扇形.

(4) 若圆锥的底面直径为 6 cm，母线长为 5 cm，则它的侧面积为________ cm.

(5) 用一个平面去截球，截面是________；球心和截面圆心的连线______于截面.

(6) 球心到截面的距离 d 与球的半径 R 及截面圆的半径 r 的关系为____________.

2. 一个圆柱的底面半径是 2 dm，高 10 dm，它的侧面积是多少平方分米?

3. 若圆锥的母线长为 10 cm，轴截面的顶角为 60°，求它的侧面积.

4. 如果一个正方体的各顶点都在一个球的球面上，则称该球为正方体的外接球，已知正方体的棱长为 2 cm，计算这个正方体的外接球的表面积.

笔记

习题 7.3

水平一

1. 分别给以下几何体命名.

几何体 (a) 可命名为____________；几何体 (b) 可命名为____________；几何体 (c) 可命名为____________；几何体 (d) 可命名为____________.

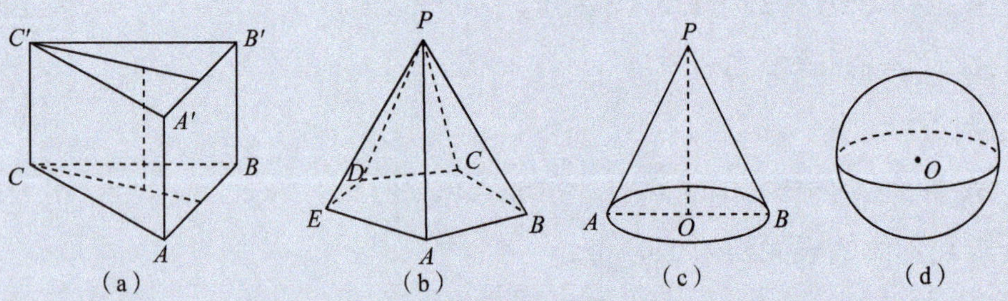

第 1 题图

2. 下列几何体中是柱体的有________；是锥体的有________；是球体的有________.

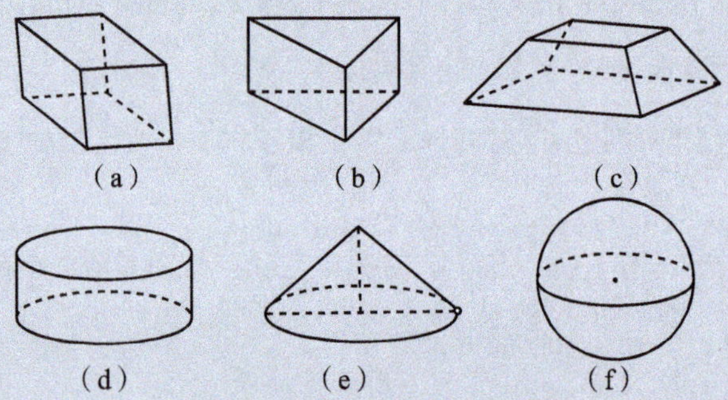

第 2 题图

3. 如图所示，右边正方体中是由左边的平面图形折成的是(　　).

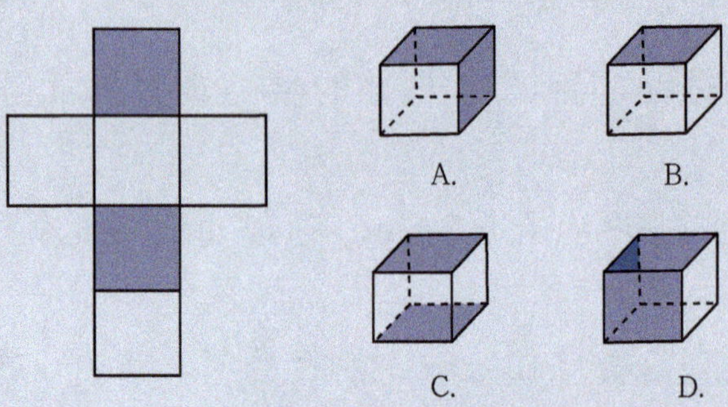

第 3 题图

笔 记

4. 如右图所示，正三棱柱 $ABC-A'B'C'$ 中，O，O' 是两底面三角形的中心，下列表述错误的是(　　).

A. 底面两个三角形是正三角形

B. OO' 是正三棱柱的高

C. AA' 与正三棱柱的高不相等

D. 正三棱柱的侧面展开图是个矩形

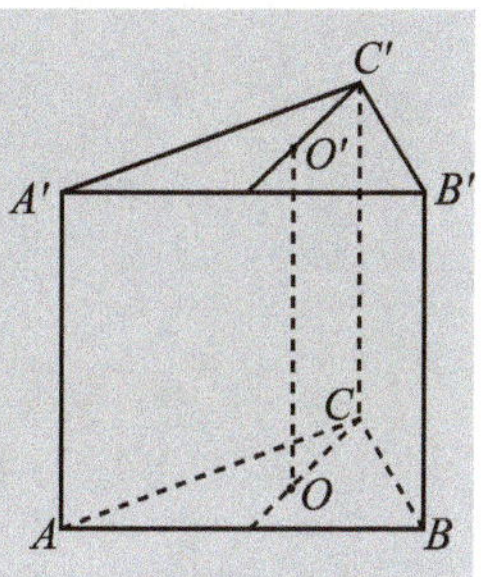

第 4 题图

5. 正四棱锥 P-$ABCD$ 中，O 是底面四边形的中心，下列表述可能错误的是(　　).

A. 四个侧面是全等的等腰三角形

B. $\triangle POC$ 是等腰三角形

C. $\triangle POC$ 是直角三角形

D. 底面四边形 $ABCD$ 是正方形

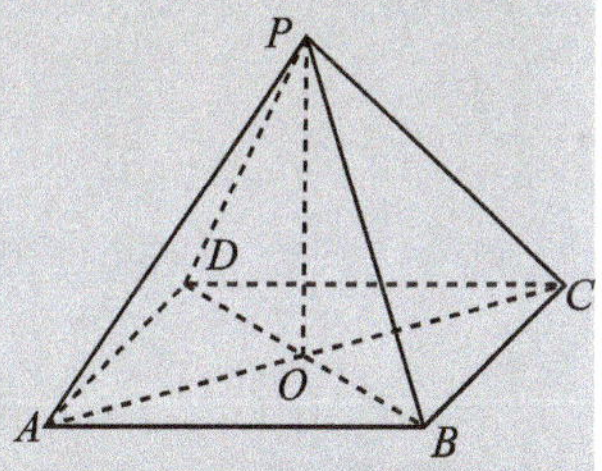

第 5 题图

6. 正四棱柱 $ABCD$-$A_1B_1C_1D_1$ 中，底面正方形的边长是 4 cm，高是 5 cm，计算这个正四棱柱的侧面积和表面积．

7. 正四棱锥 P-$ABCD$ 中，O 是底面四边形的中心．高 $PO=6$ cm，底面正方形的边长是 8 cm，计算这个正四棱锥的侧面积和表面积．

8. 一种圆柱形水管，每节长度为 12 dm，横截面(圆柱底面)的直径为 1 m，制作 20 节这样的水管，至少需要铁皮多少平方米？(结果保留整数)

9. 某商店要制作圣诞节的圆锥形纸帽，已知纸帽的底面周长为 30π cm，高为 20 cm，要制作 20 个这样的帽子要用多少平方厘米的纸？(结果保留 π)

10. 如果一个长方体的八个顶点都在一个球的球面上，则称这个球为这个长方体的外接球，此时长方体的体对角线就是球的直径．已知一个长方体的三条棱长分别为 1 cm，2 cm，3 cm，求它的外接球的表面积.

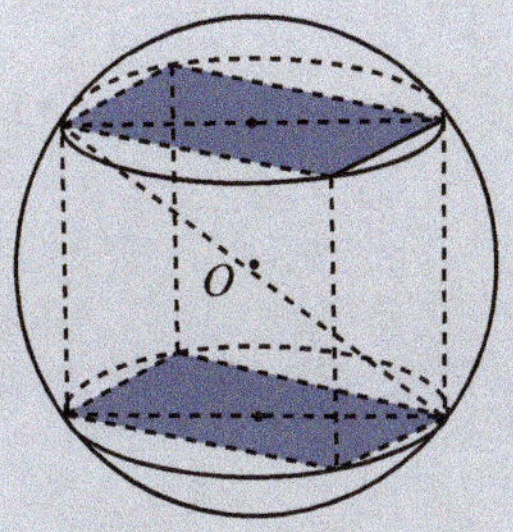

第 10 题图

笔记

水平二

1. 一个几何体的三视图如图所示，计算该几何体的表面积.

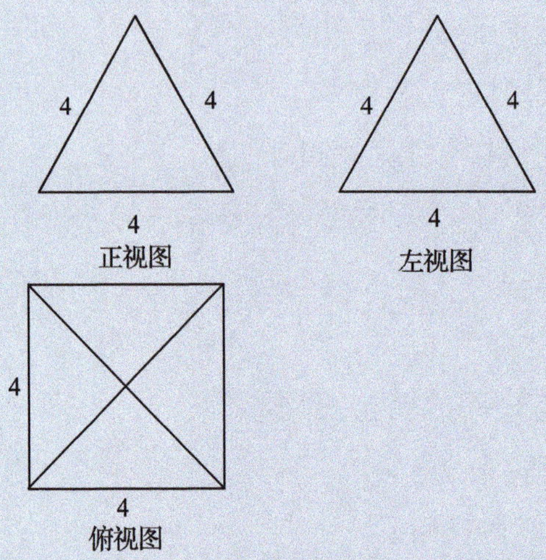

第 1 题图

2. 如图所示，已知一个几何体的三视图，计算该几何体的表面积.

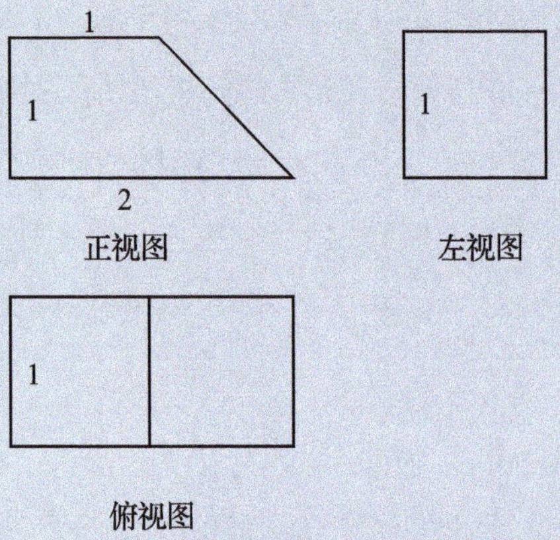

第 2 题图

3. 在 Rt$\triangle ABC$ 中，已知 $AB=5$，$AC=4$，$\angle C=90°$. 如果把Rt$\triangle ABC$ 绕 AB 所在的直线旋转一周得到一个几何体，则这个几何体的表面积为多少？(结果保留 π)

4. 有两个球，第一个球内切于正方体，第二个球过这个正方体的各个顶点，求这两个球的表面积之比.

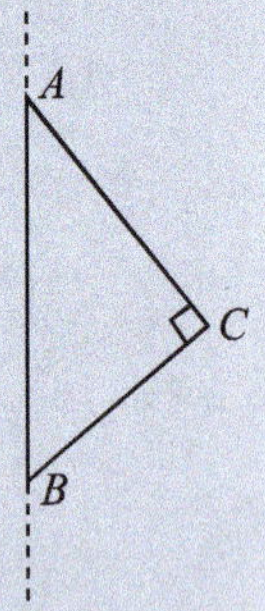

第 3 题图

笔 记

7.4　简单几何体的体积

问题提出

为推进美丽中国建设，践行生态优先、节约集约、绿色低碳发展理念，在建造柱状桥墩时需要对所灌注的水泥的数量进行精确计算，避免浪费.应如何计算所用水泥的数量呢？这就涉及计算几何体的体积问题.

7.4.1　柱体、锥体的体积

1. 柱体的体积

抽象概括

我们已经知道，长方体的体积等于底面积乘高，类似地，柱体(棱柱和圆柱)的体积公式为

$$V_{柱体}=Sh(S\ 为底面面积，h\ 为高).$$

其中，棱柱(圆柱)的高指的是两个底面之间的距离，即从一个平面上的任意一点向另一平面作垂线，该点与垂足之间的距离.直棱柱的高与侧棱长相等，圆柱的高与母线长相等.

2. 锥体的体积

以三棱锥为例(图 7-32)，三棱柱可以分割成 3 个三棱锥，可以证明这 3 个三棱锥等底、等高，故体积相等，因此每个三棱锥的体积是同底等高的三棱柱的体积的$\frac{1}{3}$，即

$$V_{三棱锥}=\frac{1}{3}V_{三棱柱}=\frac{1}{3}Sh(S\ 为底面面积，h\ 为高).$$

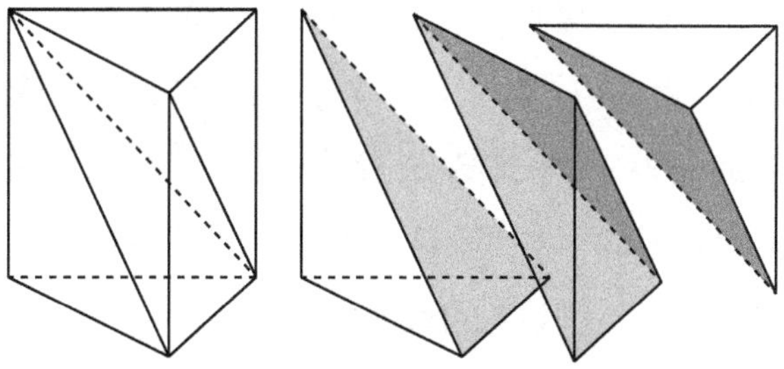

图 7-32

抽象概括

一般地，棱锥与圆锥的体积都是与其等底等高的棱柱、圆柱的体积的$\frac{1}{3}$，即

$$V_{锥体}=\frac{1}{3}Sh（S\text{ 为底面面积，}h\text{ 为高}）.$$

其中，棱锥和圆锥的高指的是从顶点向底面作垂线，顶点到垂足之间的距离．

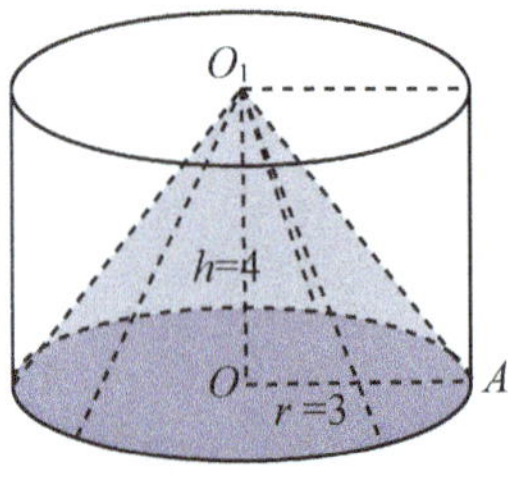

图 7-33

例 1　如图 7-33 所示，从一个底面半径为 3 cm，高为 4 cm 的圆柱中挖去一个与圆柱等底等高的圆锥，计算剩余部分几何体的体积．(结果保留 π)

分析　剩余部分几何体的体积可由圆柱的体积减去圆锥的体积得到.

解　设圆柱的底面半径为 r，高为 h，依题意得

$$r=3\text{ cm},\ h=4\text{ cm}.$$

所以

$$V_{剩余}=V_{圆柱}-V_{圆锥}=Sh-\frac{1}{3}Sh=\frac{2}{3}Sh$$

$$=\frac{2}{3}\pi r^2h=\frac{2}{3}\pi\times3^2\times4=24\pi(\text{cm}^3).$$

例 2　一批六角螺母如图 7-34(a)所示，尺寸如图 7-34(b) 所示(单位：mm)．共 5.6 kg，若铁的密度为 7.8 g/cm³，求这批螺母大约有多少个？

(a)

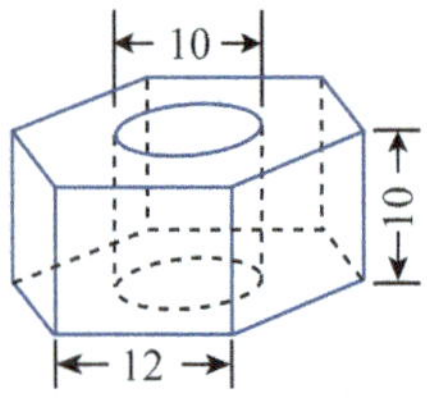

(b)

图 7-34

分析　欲求共有多少个螺母，必须求得单个螺母的体积．由“体积×密度”可知单个螺母的质量，由“总质量÷单个螺母的质量”，便可求得螺母的个数.

把六角螺母看成是从一个正六棱柱中挖去一个圆柱而得到的，用正六棱柱的体积减去圆柱的体积即可得到一个螺母的体积.

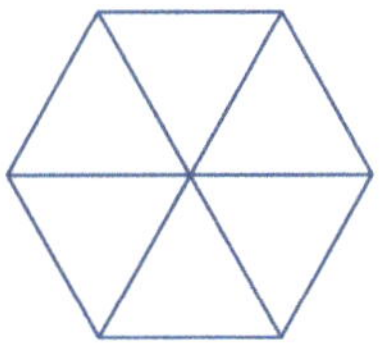
图 7-35

解　依题意可知，正六棱柱的底面是一个边长为 12 mm 的正六边形．(图 7-35)

笔记

$S_{六边形}=6\times\frac{\sqrt{3}}{4}\times 12^2=216\sqrt{3}(mm^2)$；

$V_{棱柱}=S_{六边形}h=216\sqrt{3}\times 10=2160\sqrt{3}(mm^3)$；

$V_{圆柱}=S_{圆}h=\pi\times 5^2\times 10=250\pi(mm^3)$；

$V_{螺母}=V_{棱柱}-V_{圆柱}=(2160\sqrt{3}-250\pi)(mm^3)\approx 2.96(cm^3)$；

单个螺母的质量$=2.96\times 7.8\approx 23.1(g)$；

螺母的个数$=5\ 600\div 23.1\approx 242$(个).

随堂练习

1. 若一个圆柱的侧面展开图是边长 4 cm 的正方形，求这个圆柱的体积.

2. 如右图所示，长方体 $ABCD$-$A'B'C'D'$ 的长、宽、高分别为 3 cm，2 cm，1 cm，计算三棱锥 C-$A'DD'$的体积.

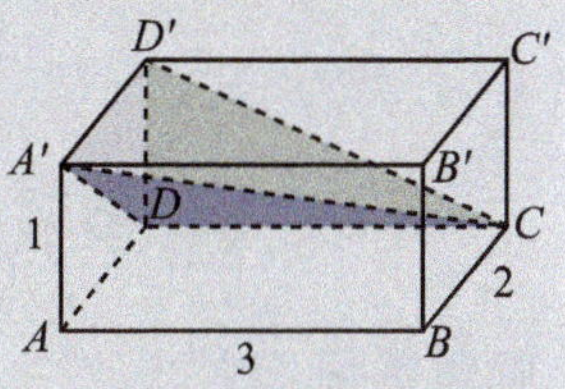

第 2 题图

7.4.2　球的体积

问题提出

球的体积的计算方法与柱体、锥体的不一样. 我国南北朝时期的伟大数学家祖暅，在实践的基础上，于 6 世纪初提出了球的体积的计算原理(祖暅原理)，解决了球的体积计算问题，那么球的体积该如何计算呢?

抽象概括

设球的半径为 R，则球的体积公式为

$$V_{球}=\frac{4}{3}\pi R^3.$$

例 1　大球的表面积是小球的表面积的 16 倍，则大球的体积是小球的体积的多少倍?

解　$S_{大}=4\pi R_{大}^2$，$S_{小}=4\pi R_{小}^2$，

由　$S_{大}=16S_{小}$ 可知 $R_{大}^2=16R_{小}^2$，

从而　$$R_{大}=4R_{小},$$

$$V_{大}=\frac{4}{3}\pi R_{大}^{3}=\frac{4}{3}\pi(4R_{小})^{3}=64\times\frac{4}{3}\pi R_{小}^{3}=64V_{小}.$$

所以，大球的体积是小球的体积的 64 倍.

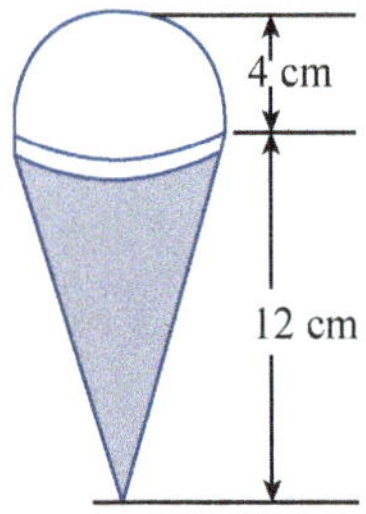

图 7-36

例 2 如图 7-36 所示，一个圆锥形的空杯子上面放着一个直径为 8 cm 的半球形的冰激凌，如果冰激凌融化了会溢出杯子吗？

分析 这是一个实际问题，可应用两个几何体的体积计算公式来求解．如果半球形冰激凌的体积小于圆锥形空杯子的体积，冰激凌融化后就不会溢出.

解 设半球形冰激凌的半径为 R，圆锥形空杯子的高为 h.

依题意得 $R=4$ cm，$h=12$ cm.

因为
$$V_{半球}=\frac{1}{2}\times\frac{4}{3}\pi R^{3}=\frac{128}{3}\pi(\text{cm}^{3}),$$
$$V_{圆锥}=\frac{1}{3}Sh=\frac{1}{3}\pi R^{2}h=\frac{192}{3}\pi(\text{cm}^{3}),$$
$$V_{半球}<V_{圆锥}.$$

所以，冰激凌融化后不会溢出杯子.

笔记

随堂练习

1. 一个长方体的各顶点均在同一球面上，且长方体的三条棱的长分别为 1，2，3，求此球的体积.

2. 将一个球的半径扩大到原来的 2 倍，它的体积扩大到原来的几倍？

习题 7.4

水平一

1. 已知正方体的表面积是 24 cm^2，求这个正方体的体积.

2. 如右图所示，三棱锥的顶点为 P，PA，PB，PC 为三条侧棱，且 PA，PB，PC 两两垂直，$PA=2$，$PB=3$，$PC=4$. 求三棱锥 P-ABC 的体积.

3. 若一个圆锥的侧面展开图是半径为 5 cm，弧长为 6π cm 的扇形，求此圆锥的体积.

4. 若球的大圆的周长是 8π cm，求该球的体积.

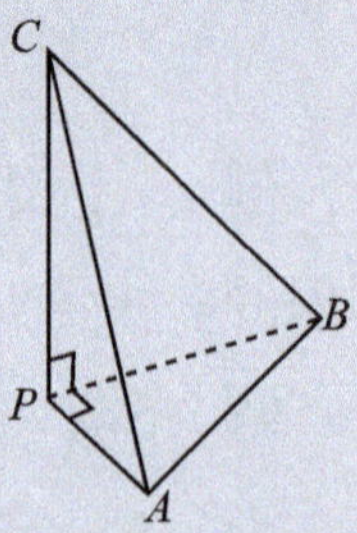

第 2 题图

水平二

1. 已知正六棱柱最长的对角线为 13 cm，侧面积为 180 cm^2，求此棱柱的体积.

2. 一个直角边长为 3 cm 的等腰直角三角形绕其斜边旋转一周，计算所得几何体的体积.

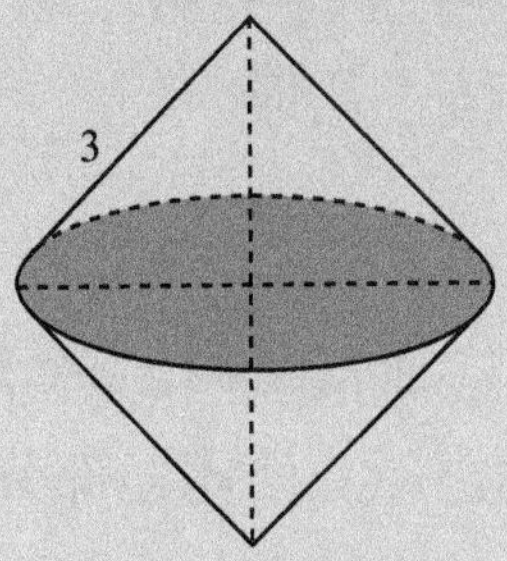

第 2 题图

3. 一个正方体的棱长为 2 cm，分别求这个正方体的内切球(球和正方体的六个面都相切)和外接球的体积.

笔记

笔记

数学园地

画法几何

画法几何(descriptive geometry)是在平面上绘制几何体，并在平面上表达出原几何体各部分的大小、位置以及相互关系的一门学科．在绘画、建筑等方面有着广泛的应用．

画法几何是机械制图中的投影理论的基础，它应用投影的方法研究多面正投影图、轴测图、透视图和标高投影图的绘制原理，其中多面正投影图是其主要研究内容．画法几何的内容还包含投影变换、截交线、相贯线和展开图等．

在工程和科学技术方面，人们经常需要在平面上展现几何体．例如，我们需要在纸上画出房屋或建筑物的图样，以便根据这些图样施工建造．但是平面图形是二维的，而几何体是三维的，为了使三维形体能在二维的平面上得到正确的展示，我们就需要采用一些方法，这些方法就是画法几何所要研究的对象．

在工程实践中，人们不仅要在平面上表示几何体，而且还需要应用这些表达在平面上的图形来解决空间中的几何问题．例如，我们可以根据测量结果来绘制地形图，进而来设计道路或运河的线路，决定什么地方需要开挖和填筑等．根据几何体在平面上的投影来解决空间几何问题，也是画法几何所要研究的内容．

单元小结

笔记

学习导图

- 简单几何体
  - 三视图
    - 多面体与______的定义
    - 中心投影和______
    - 正视图、______和______的画法要领
  - 简单几何体的直观图
    - 水平放置的平面图形的直观图的画法步骤
    - 简单几何体的直观图的画法步骤
  - 简单几何体的表面积
    - 直棱柱、______的表面积的计算公式
    - 圆柱、______和______的表面积的计算公式
  - 简单几何体的体积
    - 柱体的体积的计算公式
    - ______的体积的计算公式
    - ______的体积的计算公式

学习指导

1. 简单几何体.

(1) 棱柱、棱锥的概念.

有两个面互相平行，其余各面都是四边形，并且每相邻两个四边形的公共边都互相平行，由这些面所围成的多面体叫作棱柱.（图 7-37）

(2) 有一个面是多边形，其余各面都是有一个公共顶点的三角形，由这些面所围成的多面体叫作棱锥.（图 7-38）

(3) 圆柱、圆锥、球的有关概念.

以矩形的一边所在的直线为旋转轴，其余三边旋转一周形成的面所围成的旋转体叫作圆柱.（图 7-39）

笔记

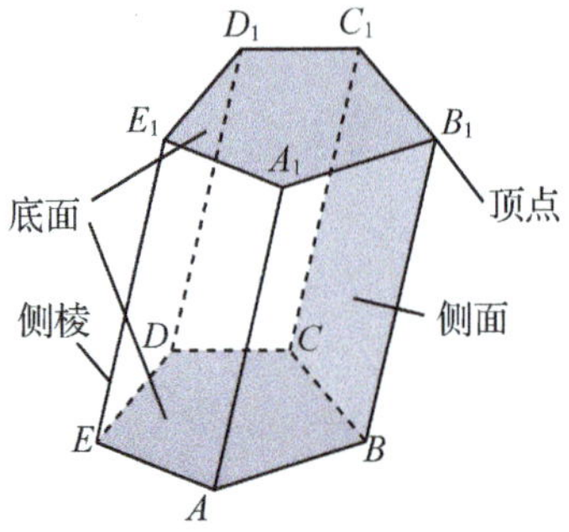

图 7-37

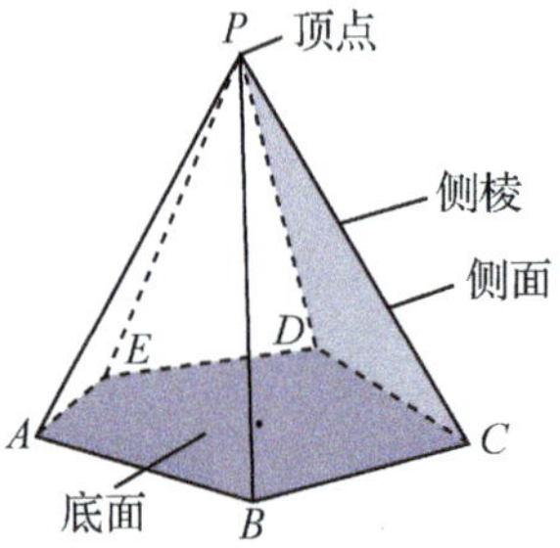

图 7-38

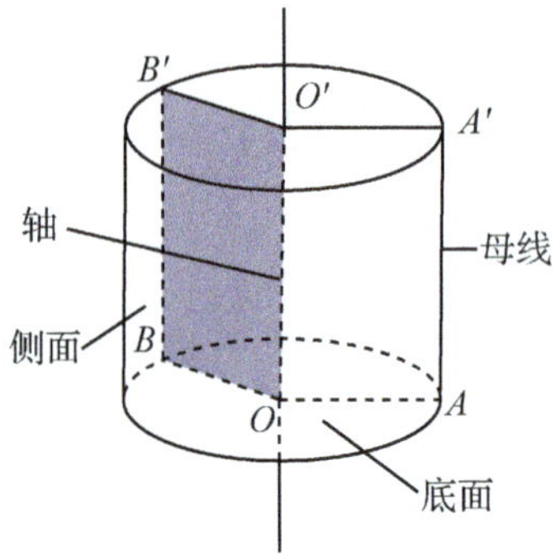

图 7-39

以直角三角形的一条直角边所在的直线为旋转轴，其余两边旋转一周形成的面所围成的旋转体叫作圆锥.（图 7-40）

一个半圆以它的直径所在的直线为旋转轴，旋转一周形成的旋转体叫作球体，简称球.（图 7-41）

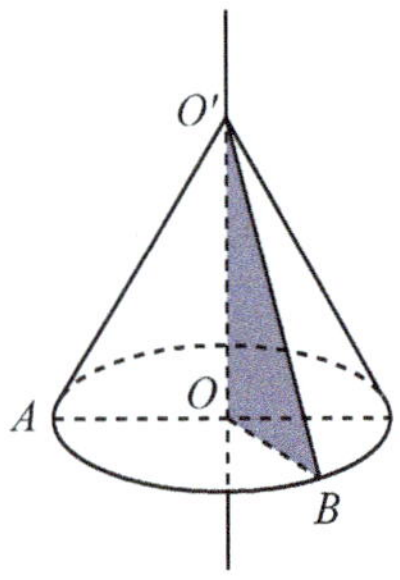

图 7-40

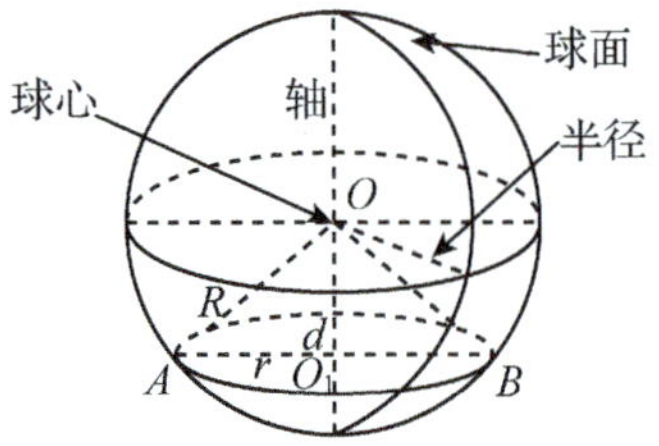

图 7-41

2. 三视图.

(1) 空间几何体的三视图定义.

正视图：光线由前向后照射，得到的正投影；它能反映物体的高度和长度.

左视图：光线由左向右照射，得到的正投影；它能反映物体的高度和宽度.

俯视图：光线由上向下照射，得到的正投影；它能反映物体的长度和宽度.

(2) 空间几何体的三视图的画法步骤.

画三视图的步骤：**先分析后选择，先基准后轮廓，先关键后其他，三视图一起画**. 先分析三视图的方位，再分析几何体的长、宽、高分别是哪一条线. 构图要领：正俯长对正，正左高平齐，左俯宽相等. 画图过程中可视轮廓线画为实线，看不到的轮廓线画为虚线.

3. 空间图形的画法.

(1) 水平放置的平面图形的直观图的画法.

①在已知图形中选取适当位置，取互相垂直的两条直线为 x 轴、y 轴，两轴相交于点 O，建立平面直角坐标系．画直观图时，把它们画成对应的 x'轴、y'轴，两轴相交于点 O'，使$\angle x'O'y'=45°$(或 135°)，它们确定的平面表示水平面.

②已知图形中平行于 x 轴的线段，在直观图中画成与 x'轴平行的线段，并且保持原长度不变；平行于 y 轴的线段，在直观图中画成与 y'轴(注意与 x'轴成 45°)平行的线段，长度变为原来的$\frac{1}{2}$.

③连接各顶点，擦去辅助线 x'轴、y'轴，得到的图形为该图形的直观图.

(2) 简单几何体的直观图的画法.

①画轴．建立空间直角坐标系，画 x 轴、y 轴、z 轴，三轴相交于点 O，使$\angle xOy=45°$，$\angle xOz=90°$(在空间图形中取互相垂直的 x 轴和 y 轴，两轴交于点 O，再取 z 轴，使 x 轴、y 轴和 z 轴两两互相垂直，使尽量多的顶点落在坐标轴上；三轴相交于 O 点，x 轴和 y 轴所确定的平面表示水平面).

②画底面．按照水平放置的平面图形的直观图的画法(斜二测法)要求，画出简单几何体的底面的直观图.

③确定底面外的其他顶点的位置.

④成图．连接线段，去掉辅助线，并将被遮挡的部分改为虚线，就得到了简单几何体的直观图．

4. 直棱柱、正棱锥的表面积.

(1) 直棱柱、正棱锥的侧面展开图.

直棱柱的侧面展开图是一个矩形，矩形的长是直棱柱底面的周长，矩形的高是直棱柱的侧棱长.

正棱锥的侧面展开图是若干个全等的等腰三角形组成的平面图形.

(2) 直棱柱、正棱锥的侧面积公式.

$S_{直棱柱侧}=ch$(其中 c 为底面多边形的周长，h 是直棱柱的高).

$S_{正棱锥侧}=\frac{1}{2}ch'$(其中 c 为底面多边形的周长，h'是正棱锥的斜高).

5. 圆柱、圆锥、球的表面积与体积.

(1) 圆柱、圆锥的侧面展开图.

圆柱的侧面展开图是以圆柱底面周长为长，以圆柱母线长为宽的矩形.

笔记

笔记

圆锥的侧面展开图是一个扇形，扇形的半径为圆锥的母线长，扇形的弧长等于圆锥的底面周长.

(2) 多面体的表面积和体积计算公式.（表 7-1）

表 7-1

名称	侧面积($S_{侧}$)	表(全)面积($S_{表}$)	体积(V)
直棱柱	ch	$S_{侧}+2S_{底}$	$S_{底}\cdot h$
正棱锥	$\frac{1}{2}ch'$	$S_{侧}+S_{底}$	$\frac{1}{3}S_{底}\cdot h$

(3) 旋转体的表面积和体积计算公式.（表 7-2）

表 7-2

名称	侧面积($S_{侧}$)	表(全)面积($S_{表}$)	体积(V)
圆柱	$2\pi rl$	$2\pi r(r+l)$	$S_{底}\cdot h=\pi r^2h(h=l)$
圆锥	πrl	$\pi r(r+l)$	$\frac{1}{3}S_{底}\cdot h=\frac{1}{3}\pi r^2h$
球		$4\pi R^2$	$\frac{4}{3}\pi R^3$

其中，h 和 l 分别表示高和母线，r 表示圆柱、圆锥的底面半径，R 表示球的半径.

单元检测

笔记

水平一

1. 选择题.

(1) 下列各组几何体中是多面体的一组是(　　).

A. 三棱柱、球、圆锥　　B. 三棱柱、正方体、球

C. 三棱柱、正方体、六棱锥　　D. 圆锥、球、半球

(2) 下列几何体中，各自的正视图、左视图、俯视图都相同的几何体的序号是(　　).

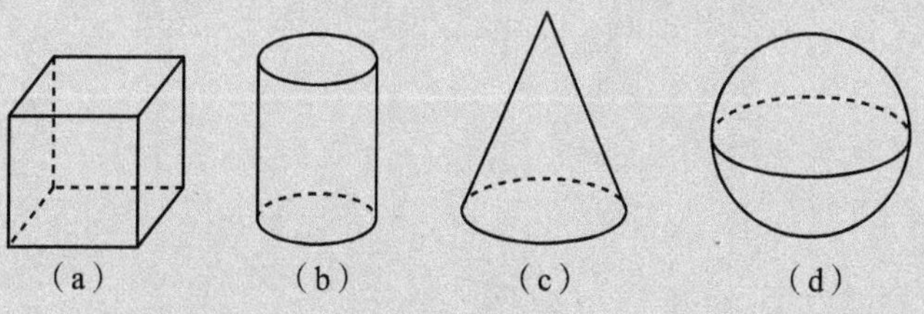

第 2 题图

A. (a)(b)　　B. (b)(c)　　C. (c)(d)　　D. (a)(d)

(3) 下列说法正确的是(　　)

A. 有一个面是多边形，其余各面是三角形的多面体是棱锥

B. 有两个面互相平行，其余各面均为梯形的多面体是棱台

C. 有两个面互相平行，其余各面均为平行四边形的多面体是棱柱

D. 棱柱的两个底面互相平行，侧面均为平行四边形

(4) 如果一个几何体的正视图和左视图都是长方形，则这个几何体可能是(　　).

A. 长方体或圆柱　　B. 正方体或圆柱

C. 长方体或圆台　　D. 正方体或四棱锥

(5) 已知一个正方形的直观图是一个平行四边形，其中有一边长为 4，则此正方形的面积是(　　).

A. 16　　B. 64　　C. 16 或 64　　D. 都不对

2. 填空题.

(1) 底面直径和高都是 4 cm 的圆柱的侧面积为________ cm^2.

(2) 一个球的大圆面积为 9π，则该球的体积为________.

3. 解答题.

(1) 已知圆锥的母线长为 8，底面圆的周长为 6π，求它的体积.

(2) 一个圆柱的侧面展开图是一个边长为 2π cm 的正方形，计算这个圆柱的表面积与侧面积.

笔记

水平二

1. 若三球的表面积之比为 1∶2∶3，则其体积之比为(　　).

A. 1∶2∶3　　B. $1:\sqrt{2}:\sqrt{3}$

C. $1:2\sqrt{2}:3\sqrt{3}$　　D. 1∶4∶7

2. 一个三角形用斜二测法画出来的直观图是边长为 2 的正三角形，则原三角形的面积是(　　).

A. $2\sqrt{6}$　　B. $4\sqrt{6}$　　C. $\sqrt{3}$　　D. 都不对

3. 正方体表面积为 a^2，则这个正方体的外接球的表面积是________.

4. 如图所示，一个几何体的正视图与左视图为全等的等边三角形，俯视图为一个半径为 1 的圆，计算这个几何体的表面积.

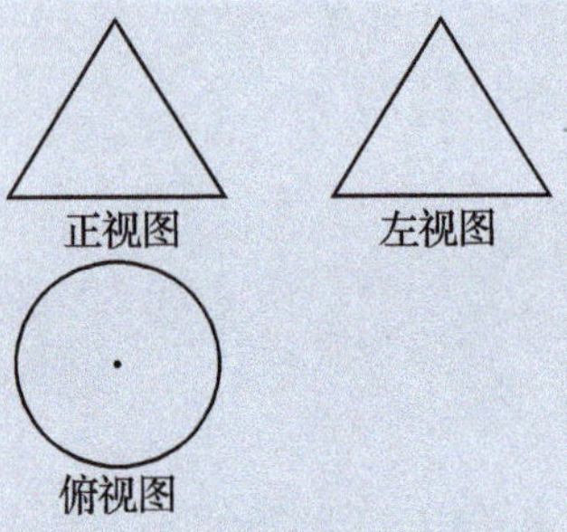

第 4 题图

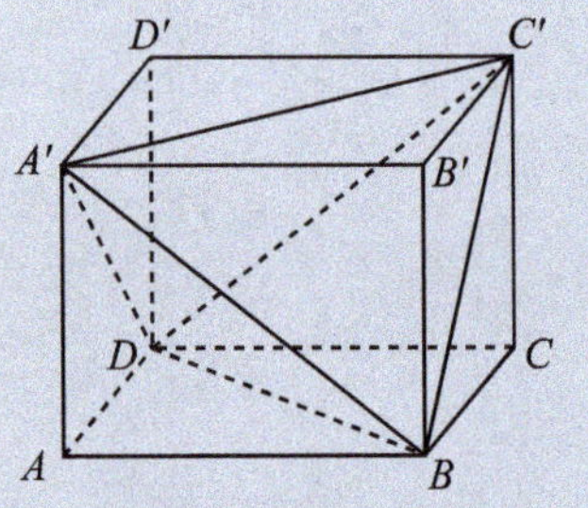

第 5 题图

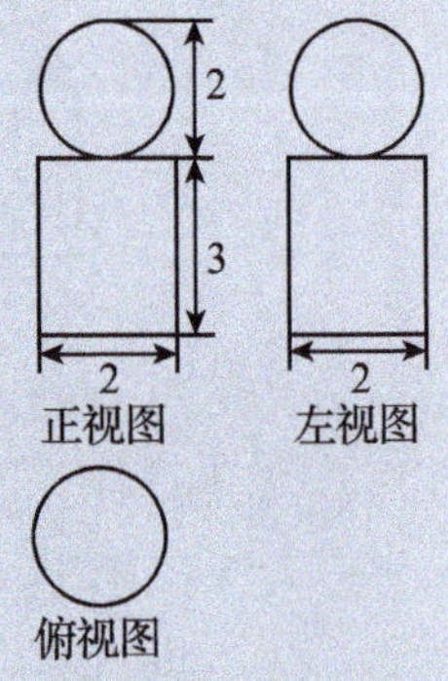

第 6 题图

5. 如图所示，正方体 $ABCD\text{-}A'B'C'D'$ 的棱长为 a，连接 $A'C'$，$A'D$，$A'B$，BD，BC'，$C'D$，得到一个三棱锥. 求三棱锥 $A'\text{-}BC'D$ 的体积.

6. 一个几何体的三视图如图所示，根据图中数据，计算该几何体的表面积.

7. 一个三棱柱的三视图如图所示，试求此三棱柱的表面积和体积.

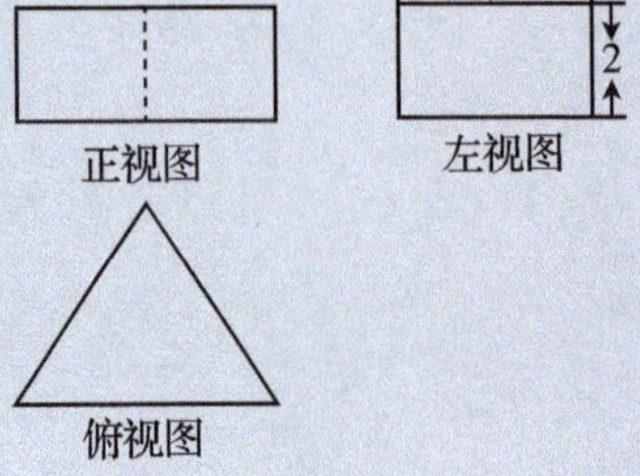

第 7 题图

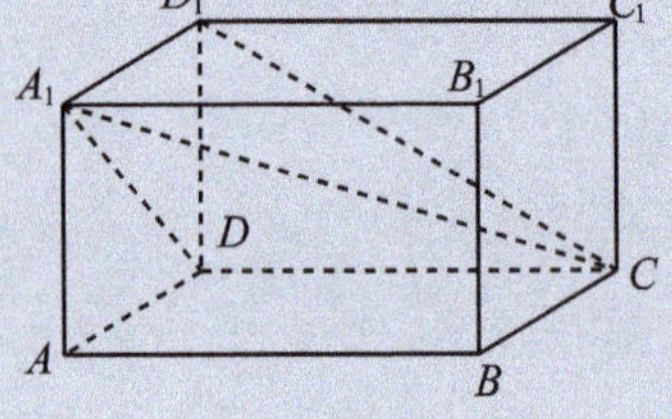

第 8 题图

8. 如图所示，在正方体 $ABCD\text{-}A_1B_1C_1D_1$ 中，用截面截下一个棱锥 $C\text{-}A_1DD_1$，求棱锥 $C\text{-}A_1DD_1$ 的体积与剩余部分的体积之比.

第八单元 概率与统计初步

你听说过福利彩票吗？在购买福利彩票时，人们最关心的是有多大的可能性能够中奖．如何刻画一个事件“有多大的可能性”是数学中的概率问题．

那么，怎么计算中奖的可能性呢？数学上可以通过分析有多少种中奖的可能情况来计算，这就是我们本单元要学习的古典概型；同时，也可以通过收集数据的方法，如通过分析往期的结果或者自己进行摇奖试验来计算中奖的可能性，这就是我们本单元要学习的另外一个内容——统计方法．

概率论是现代数学的一个重要组成部分．它在自然科学、工程技术和经济管理等各个领域中都有着广泛的应用．统计学是一门关于数据资料的收集、整理、分析和推断的科学，它与我们的现实生活及科学技术的关系是非常密切的．

本单元通过丰富的实例，学习概率统计的基础知识、基本方法，发展数据分析与数学建模等核心素养．

学习目标

1. 随机事件与概率.

(1) 理解随机现象、随机事件及有关概念;

(2) 了解事件的频率与概率的区别和联系.

2. 古典概型.

(1) 理解古典概型;

(2) 初步掌握古典概率的计算方法.

3. 概率的简单性质.

(1) 了解互斥事件的概念;

(2) 初步掌握互斥事件的加法公式.

4. 抽样方法.

(1) 了解统计的基本思想;

(2) 理解总体、个体、样本和样本容量等概念;

(3) 理解简单随机抽样、系统抽样和分层抽样的概念;

(4) 了解抽样方法的应用.

5. 统计图表.

(1) 了解频率分布表和频率直方图等数据可视化描述方法;

(2) 了解选择恰当的统计图表对数据进行分析的方法.

6. 样本的均值与标准差.

(1) 理解均值、方差和标准差的含义;

(2) 掌握均值、方差和标准差的计算方法.

笔记

8.1 随机事件与概率

观察思考

本单元开篇的彩票问题是一个比较复杂的问题，为了简化研究，我们先来分析一个简单的摸球问题.

一个袋中装有大小、材质完全相同的白球(1 个)和黑球(3 个)，从中任意摸出 1 个球，观察其颜色，则结果可能是黑球，也可能是白球.

我们可以看到，“摸到黑球”与“摸到白球”的可能性是不一样的，计算“摸到黑球”与“摸到白球”的可能性的大小是很重要的问题.

分析理解

利用计算机进行上述摸球试验，记录摸到白球的数量(记为 m)，模拟 10 位同学，分别进行 10 次、100 次、1 000 次、10 000 次(记为 n)摸球试验，并记录得到的数据(同学们也可以在课后自行开展摸球试验，并记录试验数据).

我们将试验的结果进行整理，得到表 8-1(摸到白球的数量记为 m，试验总数记为 n).

表 8-1

试验序号	$n=10$		$n=100$		$n=1\ 000$		$n=10\ 000$	
	m	$\frac{m}{n}$	m	$\frac{m}{n}$	m	$\frac{m}{n}$	m	$\frac{m}{n}$
1	6	0.6	23	0.23	239	0.239	2 504	0.250 4
2	1	0.1	28	0.28	254	0.254	2 515	0.251 5
3	1	0.1	23	0.23	245	0.245	2 456	0.245 6
4	1	0.1	22	0.22	254	0.254	2 539	0.253 9
5	3	0.3	30	0.30	254	0.254	2 563	0.256 3
6	2	0.2	28	0.28	233	0.233	2 484	0.248 4
7	1	0.1	29	0.29	253	0.253	2 528	0.252 8
8	1	0.1	20	0.20	235	0.235	2 487	0.248 7
9	4	0.4	19	0.19	218	0.218	2 471	0.247 1
10	4	0.4	24	0.24	280	0.280	2 527	0.252 7

从表 8-1 可以看出，虽然试验的结果不尽相同，但是，当重复试验的次数逐渐增大时，摸到白球的频率会大体上稳定在 0.25 附近．这里，我们可以说，摸到白球的可能性大约为 0.25. 相应地，可以知道，摸到黑球的可

能性大约为 0.75，是摸到白球的可能性的 3 倍.

通过表 8-1 可以看出，试验可能会出现多个结果，在相同的条件下进行 n 次试验，如果事件 A 发生了 m 次，当重复试验的次数逐渐增多时，$\frac{m}{n}$会呈现出稳定性，即在某个常数附近摆动.

概念
随机试验
随机事件
频率

类似地，可重复进行的、结果有多种且具体结果不可预知的试验称为**随机试验**，简称**试验**．随机试验的结果称为**随机事件**，简称**事件**，常用大写字母 A，B，C 等表示．在相同的条件下进行 n 次试验，如果事件 A 发生了 m 次，则称 m 为事件 A 发生的频数，我们称比值$\frac{m}{n}$为事件 A 发生的**频率**.

抽象概括

在现实世界中，各种各样的现象可以分为两大类.

一类现象是在一定的条件下，具有多种可能的结果，而究竟发生哪一种结果事先是不能确定的. 比如，若规定硬币的一面为正面，另一面为反面，则在抛掷一枚质地均匀的硬币时，可能正面朝上，也可能反面朝上；掷一枚骰子，可能出现的是 1 点，还可能是 2 点、3 点、4 点、5 点、6 点；抽检一件产品，它可能是合格品，也可能是次品. 这类现象虽然在一次试验(观察)中其结果具有不确定性，但在大量的重复试验(观察)下，其结果却会呈现出某种规律性. 这类现象我们称为**随机现象**.

概念
随机现象
确定性现象
必然事件
不可能事件
概率

另一类现象是在一定的条件下，其结果是确定的. 比如，上抛的物体在重力作用下必然会下落；在实数集中，方程 $x+1=0$ 一定有解，而 $x^2+1=0$ 一定没有解. 这一类现象我们称为**确定性现象**. 我们把每次试验中必然会发生的事件叫作**必然事件**，每次试验中都不可能会发生的事件叫作**不可能事件**.

例如，掷骰子试验中，骰子六个面分别刻有 1 点、2 点、3 点、4 点、5 点、6 点，则事件“出现的点数小于 7”是必然事件，而事件“出现的点数大于 10”是不可能事件.

必然事件与不可能事件本质上并没有随机性，但为了讨论方便，我们还是把它们当作一种特殊的随机事件.

一般地，在相同条件下，大量重复地进行同一试验时，随着试验次数的增加，事件 A 发生的频率总是在一个常数附近摆动，即事件 A 发生的频率呈现出稳定性，我们就把这个常数叫作事件 A 发生的**概率**，记作 $P(A)$.

根据上述定义可知，求一个事件发生的概率的基本方法，是进行大量的重复试验，用这个事件发生的频率近似地作为它的概率.

例 指出下列事件中，哪些是随机事件，哪些是必然事件，哪些是不可能事件.

(1) 在标准大气压下，水加热到 100℃一定沸腾；

(2) 任买一张电影票，座位号是偶数；

(3) 某人射击一次，击中靶心；

(4) 任取一个两位数是 120；

(5) 某汽车站在 10 分钟内通过 8 辆汽车.

解 (1) 中的事件必然会发生，因此是必然事件；

(2) 中的事件可能发生也可能不发生，因此是随机事件；

(3) 中的事件可能发生也可能不发生，因此是随机事件；

(4) 中的事件一定不会发生，因此是不可能事件；

(5) 中的事件可能发生也可能不发生，因此是随机事件.

笔记

合作交流

不进行试验，如何计算从一个装有大小、材质完全相同的 4 个白球、5 个黑球的袋中任意摸出 1 球，摸到白球的概率？

随堂练习

1. 天气预报说“明天降雨的概率为 80%”，下列说法正确的是(   ).

A. 明天该地区约 80%的地方会降雨，其余地方不降雨

B. 明天该地区约 80%的时间会降雨

C. 气象台的专家中，有 80%的人认为明天会降雨

D. 明天该地区降雨的可能性为 80%

2. 一个射手在同一条件下进行 8 组射击训练，结果见下表.

组别	1	2	3	4	5	6	7	8
射击次数 n	10	25	40	55	70	85	100	200
击中靶心的次数 m	7	21	35	45	57	67	81	161
击中靶心的频率 $\frac{m}{n}$								

(1) 计算表中各组击中靶心的频率(精确到 0.001)；

(2) 这个射手射击一次，击中靶心的概率约是多少？

笔记

习题 8.1

水平一

1. 判断下列说法是否正确，正确的画“√”，错误的画“×”.

(1) “当 x 为某一实数时，可使 $x^2<0$”不是随机事件.（　　）

(2) “从 100 个电子元件中取出 5 个，5 个都是次品”是随机事件.（　　）

(3) 一名篮球运动员，号称“百发百中”，若罚球 3 次，则不会出现 3 投都不中的情况.（　　）

(4) 随机事件发生的概率与试验次数无关.（　　）

2. 通过随机试验，计算本节“观察思考”中，摸到黑球的概率.

8.2 古典概型

观察思考

我们来看两个试验.

试验一：投掷一枚质地均匀的骰子，观察出现的点数. 设

A_1＝“出现 1 点”，

A_2＝“出现 2 点”，

A_3＝“出现 3 点”，

A_4＝“出现 4 点”，

A_5＝“出现 5 点”，

A_6＝“出现 6 点”.

试验二：从 a，b，c 中任意取出两个不同的字母，试验结果共有三种，分别是 $A=\{a, b\}$，$B=\{b, c\}$，$C=\{a, c\}$.

显然，试验一中 A_1，A_2，A_3，A_4，A_5，A_6 和试验二中的 A，B，C 都是随机事件. 这些随机事件具有哪些共同特点？它们发生的概率如何计算？

分析理解

可以看出，试验一中的 A_1，A_2，A_3，A_4，A_5，A_6 这 6 个事件在每次

试验中必有一个发生，且仅有一个发生．试验一中，6 个事件发生的可能性相同．试验二中，3 个事件发生的可能性也相同．

试验一中的 A_1，A_2，A_3，A_4，A_5，A_6 这 6 个事件，以及试验二中的 A，B，C 这 3 个事件，都称为基本事件．

以上两个试验的共同特点是：

(1) 有限性：在一次试验中，可能出现的结果只有有限个，即基本事件的总数是有限的．

(2) 等可能性：每个基本事件发生的可能性是相等的．

抽象概括

我们把具有这样两个特征的试验称为**古典概型试验**，其数学模型称为**古典概率模型**，简称**古典概型**．

概念
古典概率模型
事件发生的概率

例如，在掷骰子试验中，“出现 1 点”这个事件包含 1 个基本事件，掷骰子共有 6 个基本事件，于是这个事件发生的概率是

$$P(\text{“出现 1 点”})=\frac{1}{6}.$$

“出现偶数点”这个事件包含 A_2，A_4，A_6 这 3 个基本事件，于是这个事件发生的概率是

$$P(\text{“出现偶数点”})=\frac{3}{6}=\frac{1}{2}.$$

一般地，对于古典概型，我们用某一事件所包含的基本事件的个数与全部基本事件总数的比，来表示该**事件发生的概率**．如果基本事件总数为 n，而事件 A 包含 m 个基本事件，则事件 A 发生的概率为

$$P(A)=\frac{m}{n}=\frac{\text{事件 } A \text{ 包含的基本事件数}}{\text{基本事件总数}} \quad (m\leqslant n).$$

笔 记

例 1 有不同的语文书 10 本、数学书 5 本、英文书 8 本，从中任取 1 本，求取到数学书的概率．

分析 从 10 本语文书、5 本数学书、8 本英文书中任取一本，共有 $10+5+8=23$ 种方法，而且每本书被取到的可能性是相等的，所以属于古典概型．

解 基本事件总数 $n=23$．设事件 A =“取到数学书”，则事件 A 包含 5 个基本事件，即 $m=5$．故事件 A 发生的概率是

$$P(A)=\frac{m}{n}=\frac{5}{23}.$$

笔记

例 2 某储蓄卡的密码由 6 位数字组成，每个数字可以是 0，1，2，…，9 十个数字中的任意一个．如果一个人完全忘记了自己的储蓄卡密码，那么他用自动取款机随机试一次密码就能取到钱的概率是多少？

解 一个密码相当于一个基本事件，总共有 $10^6=1\ 000\ 000$ 个基本事件，它们分别是 000 000，000 001，000 002，…，999 998，999 999. 随机地试密码，试到任何一个密码的可能性都是相等的，因此这是一个古典概型．事件“试一次密码就能取到钱”由 1 个基本事件组成，所以

$$P(\text{“试一次密码就能取到钱”})=\frac{1}{1\ 000\ 000}.$$

发生的概率为 $\frac{1}{1\ 000\ 000}$ 的事件属于小概率事件，通常我们认为这样的事件在一次试验中(输入一次密码)几乎不可能发生，也就是通过随机试验的方法取到储蓄卡中的钱的概率是很小的. 但如果试验很多次，如 1 000 000 次，那么这个小概率事件是会发生的. 所以，为了保证用户资金安全，自动取款机一般允许取款人最多试 3 次密码，如果第 4 次输入的密码仍然错误，那么自动取款机将“吞没”储蓄卡.

随堂练习

1. 9 把钥匙中有 2 把能打开门. 现在从 9 把钥匙中任取 1 把，求能打开门的概率.

2. 某国际科研合作项目的成员由 8 名中国人、5 名美国人和 4 名法国人组成，现从中随机选出一名作为成果发布人，求此人是中国人的概率.

3. 一枚硬币投掷两次，观察“正面朝上”或“反面朝上”的情况.

(1) 列出所有基本事件；

(2) “恰有一次正面朝上”这一事件包含哪几个基本事件？

习题 8.2

水平一

1. 现有 6 名国际级裁判、9 名国家级裁判，要从中选择一名担任一场比赛的裁判，求这名裁判是国家级裁判的概率.

2. 计算“随堂练习”第 3 题中，事件“恰有一次正面朝上”发生的概率.

3. 某学校要从甲、乙、丙、丁 4 位数学教师和 A，B，C 3 名语文教师中，随机抽调一位数学教师和一位语文教师参加学习会议，那么恰好抽调到丙和 B 的概率是多少？

水平二

如果同时投掷两枚质地均匀的骰子，那么两枚骰子向上的点数之和是 4 的概率是多少？

笔 记

8.3 概率的简单性质

观察思考

现有不同的中文书 10 本、英文书 8 本、法文书 5 本，从三种不同语言的图书中任取一本．研究以下事件：

A=“取到中文书”；

B=“取到英文书”；

C=“取到法文书”；

D=“取到外文书”.

思考这四个事件能否同时发生.

分析理解

任取一本书，如果取到的是中文书，那么就不可能取到英文书，即事件 A 发生了，那么事件 B 就不会发生；如果取到的是英文书，就不可能取到中文书，即事件 B 发生了，那么事件 A 就不会发生．所以，事件 A 和事件 B 不可能同时发生.

类似地，事件 A 和事件 D 也不可能同时发生.

任取一本书，要么是中文书，要么是外文书，也就是说，事件 A 和事件 D 这两个事件中必有一个发生.

抽象概括

像事件 A 和事件 B 这样的，在一次试验中不可能同时发生的两个事件，叫作**互斥事件**.

容易看出，“取到中文书”与“取到法文书”，“取到英文书”与“取到法文书”；“取到中文书”与“取到英文书”都是互斥事件，这时我们说：A，B，C 这三个事件互斥.

概念
互斥事件
对立事件

一般地，如果事件 A_1，A_2，…，A_n 中任何两个事件都是互斥事件，那么就说事件 A_1，A_2，…，A_n 互斥.

显然，一般地，一个随机试验的基本事件中，任何两个基本事件都是两两互斥的.

特别地，像事件 A 和事件 D 这样的，在一次试验中必有一个发生的互斥事件，叫作**对立事件**. 事件 A 的对立事件通常记作 $\overline{A}$.

笔记

例如，在抛掷硬币的试验中，“正面朝上”与“反面朝上”互为对立事件；在投掷骰子的试验中，“出现偶数点”和“出现奇数点”互为对立事件.

例 1 对目标进行两次射击. 设

A_1=“两次都击中目标”；

A_2=“两次都没击中目标”；

A_3=“只有一次击中目标”；

A_4=“至少有一次击中目标”.

以上事件中，哪些是互斥事件？哪些是对立事件？

解 我们把对目标进行两次射击看成是进行了一次试验.

在一次试验中，A_1 与 A_2、A_1 与 A_3、A_2 与 A_3、A_2 与 A_4 中，每一对事件都不可能同时发生，因此这四对事件都是互斥事件.

其中，A_2 与 A_4 在一次试验中必有一个发生，所以 A_2 与 A_4 为对立事件.

观察思考

在本节“观察思考”的例子中，事件 D=“取到外文书”是由事件 B=“取到英文书”与事件 C=“取到法文书”组成的，即任取一本书，不论取到的是英文书还是法文书，都表示事件 D 发生.

类似地，在投掷骰子的试验中，事件“出现偶数点”是由“出现 2 点”“出现 4 点”“出现 6 点”这三个事件组成的，不论出现的是“2 点”“4 点”还是“6 点”，事件“出现偶数点”都会发生.

像事件 D 这样的事件，我们怎么计算它发生的概率呢？它发生的概率和事件 B 与事件 C 发生的概率有什么关系吗？

分析理解

我们把抽取一本书看成是进行了一次试验.

基本事件总数 $n=23$. 事件 D 包含 $8+5=13$ 个基本事件，即 $m=13$，故事件 D 发生的概率是

$$P(D)=\frac{m}{n}=\frac{13}{23}.$$

事件 B 包含 8 个基本事件，即 $m_1=8$，故事件 B 发生的概率是

$$P(B)=\frac{8}{23},$$

事件 C 包含 5 个基本事件，即 $m_2=5$，故事件 C 发生的概率是

$$P(C)=\frac{5}{23}.$$

易知，此时

$$P(D)=P(B)+P(C).$$

抽象概括

一般地，我们把“事件 A 与 B 至少有一个发生”的事件称为事件 A 与 B 的和，记作 $A+B$.

假设 A，B 是互斥事件，在 n 次试验中，事件 A 发生了 m_1次，事件 B 发生了 m_2次，则事件 $A+B$ 发生了(m_1+m_2)次. 于是事件 $A+B$ 发生的频率是

$$f_n(A+B)=\frac{m_1+m_2}{n}=\frac{m_1}{n}+\frac{m_2}{n}=f_n(A)+f_n(B).$$

由频率与概率的关系可知

$$P(A+B)=P(A)+P(B).$$

此公式称为**互斥事件的概率加法公式.**

特别地，如果事件 A 与事件 B 是对立事件，则 $A+B$ 是一个必然事件，它的概率等于 1，即

$$P(A+B)=P(A)+P(B)=1.$$

在实际问题中，我们经常把这个公式写成

$$P(B)=1-P(A).$$

一般地，如果事件 A_1，A_2，…，A_n两两互斥，那么事件“$A_1+A_2+\cdots+A_n$”发生的概率，等于这 n 个事件分别发生的概率之和，即

$$P(A_1+A_2+\cdots+A_n)=P(A_1)+P(A_2)+\cdots+P(A_n).$$

笔记

概念

互斥事件的概率加法公式

笔记

例 2 在交通信号灯中，黄灯是红灯和绿灯变灯的警示信号．司机驾车行至十字路口，恰遇到红灯的概率为 0.4，遇到黄灯的概率是 0.1，遇到绿灯的概率是 0.5，求遇到红灯或黄灯的概率.

解 设事件 A＝“遇到红灯”，事件 B＝“遇到黄灯”，则事件 $A+B$＝“遇到红灯或黄灯”. 因为在十字路口不可能同时遇到红灯和黄灯，所以事件 A，B 互斥．因此可用互斥事件的概率加法公式来求 $P(A+B)$.

依题意可知，$P(A)=0.4$，$P(B)=0.1$，则

$$P(A+B)=P(A)+P(B)=0.5.$$

本题还可以这样思考，事件 C＝“遇到绿灯”，它的对立事件是 $\overline{C}$＝“遇到红灯或黄灯”. 依题意可知，$P(C)=0.5$，因此，司机驾车行至十字路口，遇到红灯或黄灯的概率是

$$P(\overline{C})=1-P(C)=1-0.5=0.5.$$

例 3 某厂生产的产品分一等品、二等品、三等品和次品四种，若在一批产品中任取一件，取到一等品、二等品、三等品的概率分别为 0.60，0.25，0.12，求该批产品的合格率及次品率.

解 分别用事件 A_1，A_2，A_3 及 A 表示取出 1 件产品是一等品、二等品、三等品及合格品，则 $\overline{A}$ 表示取出 1 件产品是次品，显然事件 A_1，A_2，A_3 彼此互斥，且 $A=A_1+A_2+A_3$.

依题意有

$$\begin{aligned}P(A)&=P(A_1+A_2+A_3)=P(A_1)+P(A_2)+P(A_3)\\&=0.60+0.25+0.12=0.97.\end{aligned}$$

故 $P(\overline{A})=1-P(A)=1-0.97=0.03$.

随堂练习

1. 射箭比赛中，一名选手射中 10 环、9 环、8 环的概率依次为 0.15，0.3，0.42，求他射中 8 环以上(含 8 环)的概率.

2. 从 52 张扑克牌(不包括大王、小王)中随机抽取 1 张，下列每对事件是否是互斥事件？如果是互斥事件，那么是否互为对立事件？

(1) “取到梅花”和“取到方块”；

(2) “取到 A”和“取到红心”；

(3) “取到红色牌”和“取到黑色牌”；

(4) “取到 K”和“取到 J”.

3. 某工厂每天早上机器开动时，机器调整得好的概率为 75%，那么某天早上机器调整得不好的概率是多少？

习题 8.3

笔记

水平一

1. 根据以往的统计数据可知，某地区车主购买甲种保险的概率为 0.5，购买乙种保险的概率为 0.4，设各车主至多购买一种保险.

(1) 求该地区某位车主购买其中一种保险的概率；

(2) 求该地区某位车主两种保险都不购买的概率.

2. 已知在一商场收银台处排队等候的人数及其概率如下.

排队人数	0	1人	2人	3人	4人	5人以上
概率	0.10	0.15	0.30	0.30	0.10	0.05

试求：

(1) 至少有 2 人排队的概率是多少？

(2) 恰有 3 人或 4 人排队的概率是多少？

水平二

甲、乙两人下棋，若和棋的概率是 0.5，乙获胜的概率是 0.2，求：

(1) 甲获胜的概率；

(2) 甲不输的概率.

8.4 抽样方法

8.4.1 总体的概念

观察思考

随着生活水平的提高，人们对饮用水的要求也越来越高，桶装水在家庭、学校、工作场所等中随处可见. 为加强质量监督，工商局要检查某售水处出售的某品牌桶装水的矿物质含量是否达标，决定从整批 80 桶桶装水中抽取 10 桶进行检测，应该如何抽取呢？

笔 记

分析理解

我们生活在一个数字化时代，时刻都在与数据打交道，这些数据是怎么获得的？如何根据收集的数据寻找包含的信息？统计学上如何定义这些数据？例如，在上述桶装水质量检测中，全部的 80 桶桶装水、抽取的 10 桶桶装水等对象，在统计学中应如何定义呢？

在上面的例子中，整批 80 桶桶装水是我们所考察的对象，我们关心的是某品牌桶装水的矿物质含量这个数量指标，所以我们把某品牌整批 80 桶桶装水的矿物质含量的全体称作总体，其中每桶桶装水的矿物质含量称作个体.

抽象概括

统计学中，把所研究对象的数量指标取值的全体称为**总体**. 总体中每一研究对象的数量指标取值叫作**个体**. 总体中所含个体的个数叫作**总体容量**.

从总体中抽取一部分个体的过程叫作**抽样**，被抽取的部分个体叫作**总体的一个样本**，样本所含个体的个数叫作**样本容量**.

概念
总体
个体
总体容量
抽样
总体的一个样本
样本容量

例 1 若某职业学校总共有 3 000 名学生，想要了解他们每月的电话费情况，决定随机抽取 60 位同学，记录下他们每月的电话费. 在这个事件中，分别写出总体、总体容量、个体、样本、样本容量.

解 总体是某职业学校 3 000 名学生每月的电话费；总体容量是 3 000；个体是某职业学校每个学生每月的电话费；样本是随机抽取的 60 位同学每月的电话费；样本容量是 60.

注：本例中，总体是“某职业学校 3 000 名学生每月的电话费”，而不是“某职业学校的 3 000 名学生”.

例 2 某学校团委会要求学生参加一项社会调查活动. 李军同学想了解他所在小区的居民的家庭收入情况，于是他随机调查了所在小区中的 60 户居民的家庭收入情况. 在这个事件中，分别写出总体、总体容量、个体、样本、样本容量.

解 总体是李军同学所在小区的所有居民的家庭收入情况；总体容量是小区中的家庭数；个体是该小区居民每个家庭的家庭收入情况；样本是随机抽取的 60 户居民的家庭收入情况；样本容量是 60.

注意：本例中，虽然总体容量未明确给出，但总体容量还是一个具体的数.

笔记

随堂练习

在以下问题中，总体、总体容量、个体、样本、样本容量各指什么？

(1) 某部队要了解一批炮弹的射程，这批炮弹共 1 100 枚，现需要抽取 11 枚炮弹进行测试.

(2) 为了分析三月生产的某种洗衣机的寿命，从中随机抽取 20 台进行测试.

8.4.2 简单随机抽样

观察思考

在 8.4.1 的“观察思考”中，工商局能否直接抽取该售水处摆放在最外面的 10 桶桶装水进行检测呢？如何抽取才能使抽出的 10 桶桶装水的矿物质含量更能代表整批 80 桶桶装水的矿物质含量的达标情况呢？如何保证每桶桶装水被抽到的概率相等？

分析理解

方案 1：

我们把 80 桶桶装水从 1 到 80 进行编号，再把这 80 个号码分别写在相同的 80 张纸片上，然后把它们放在一个容器里搅拌均匀，每次随机地从中抽取一个纸片，记下号码. 之后把余下的搅拌均匀，再进行下一次抽取. 如此下去，直到取到 10 个号码时终止. 于是，和这 10 个号码对应的 10 桶桶装水就是我们要检验的 10 桶桶装水.

方案 2：

也可以利用随机数表(见附录)进行抽样.

随机数表是由 0，1，2，…，9 这 10 个数字组成的表，并且表中各个数字在每个位置上出现的可能性相同.

利用随机数表，问题也可按如下步骤求解.

第一步：将 80 桶桶装水编号，00，01，…，79.

第二步：由于编号都是两位数，所以可在随机数表中任选两列. 例如，选取第 3 列和第 4 列，从第一行开始从上到下可得到如下号码.

笔记

06，22，97，65，95，60，61，28，66，43，75，66，39……

其中 97，95 均大于 79，超出了编号范围，而 66 重复出现只能选一个，删除了不合适的号码后，选取的 10 个样本的编号分别为

06，22，65，60，61，28，66，43，75，39.

抽象概括

方案 1 中的方法叫作**抽签法**，也叫作抓阄法，是我们生活中最熟悉的一种抽样方法. 它的步骤是：

(1) 先将总体中的所有个体(共有 N 个)编号，号码可以从 1 到 N；

(2) 把号码写在形状、大小相同的号签上(号签可以用纸条、卡片、小球等制作)；

(3) 将号签放在同一容器里搅拌均匀；

(4) 抽签时，每次从中抽出一个号签，不放回，抽取后再将剩余的搅拌均匀，连续抽取 n 次，这样就得到了一个容量为 n 的样本.

采用上述方法，每个个体被抽到的概率相同.

方案 2 中的方法叫作**随机数表法**，一般地，使用随机数表抽样的步骤如下.

(1) 将总体中的所有个体编号；

(2) 根据问题的需要，在随机数表中任意选取几列(行)，选取的列(行)数与个体编号的位数相同，每列(行)各选一个数，合起来作为开始的号码；

(3) 从这个号码数字开始，沿选取的列(行)向上或向下(向左或向右)继续选取数字组成号码，并删除不合格的号码，且重复的号码只保留一个，直到选够号码为止；

(4) 按所得的号码抽取样本.

采用上述方法，每个个体被抽到的概率相同.

概念
抽签法
随机数表法
简单随机抽样

从个体数为 N 的总体中逐个不放回地抽取 n 个个体作为样本($n<N$)，每次抽取时总体内各个个体被抽到的概率相同，这样的抽样方法称为**简单随机抽样**. 抽签法和随机数表法都是简单随机抽样.

例 某老师有 10 张电影票，现要将它们随机地分给班上的 10 位同学. 为了保证公平，你能设计出一个方案帮这位老师做出决定吗？

分析 为了保证公平，就要使全班每位同学被抽到的概率相等，可以将学生按照学号、座位号等方式进行编号，采用简单随机抽样抽出 10 个号码.

笔 记

解　(1) 先为全班每位同学(假设有 N 个)都确定一个编号，可以是学号、座位号或按某种顺序得到的号码，一般为简单号码，可以是从 1 到 N；

(2) 把号码写在形状、大小相同的号签上；

(3) 将号签放在同一容器里(如找个大纸箱)搅拌均匀；

(4) 抽签时，每次从中抽出一个号签，不放回，抽取后要再将剩余的搅拌均匀，连续抽取 10 次，这样就得到了一个容量为 10 的样本；

(5) 抽出的 10 个号码对应的 10 位同学即得到电影票的同学.

随堂练习

某工厂某日生产了一种型号的轴共 200 件. 为了检验这批轴的直径是否符合设计要求，要从中抽取 20 件在同一条件下测量. 如何采用简单随机抽样的方法抽取样本?

8.4.3　分层抽样

问题提出

若某职业学校总共有 3 000 名学生，想要了解他们每月的电话费情况，决定随机抽取 60 位同学，记录下他们每月的电话费. 根据以往经验，不同专业的学生因专业需要不同，每月的电话费差异很大，该学校有幼师专业学生 500 人、服装专业学生 1 000 人、通信专业学生 1 500 人，如何抽取才能全面反映全校不同专业的学生每月的电话费情况?

分析理解

由于各专业学生每月的电话费差异很大，如果抽到的 60 位同学大部分都来自同一个专业，那么这个样本就不能反映全校学生的情况. 因此，要设计一种抽样方案，让抽取的样本中包括三个专业的学生，且三个专业的学生都应占有一定的比例，那么这个比例应该如何确定呢?

我们应使样本中各个专业的学生所占的比例与总体中各个专业的学生所占的比例相同.

所以，应抽取的幼师专业的学生为 $60\times\frac{500}{3\ 000}=10$ 人，应抽取的服装专业的学生为 $60\times\frac{1\ 000}{3\ 000}=20$ 人，应抽取的通信专业的学生为 $60\times\frac{1\ 500}{3\ 000}=30$ 人. 对这三部分学生分别进行抽样时，可采取简单随机抽样的方法. 抽得的样本总数为 10＋20＋30＝60 人.

抽象概括

概念
分层抽样

一般地，若总体是由差异明显的几部分组成的，则为使样本能更充分地反映总体的情况，通常将总体分成互不重叠的几部分，然后按照各部分所占的比例进行抽样，这种方法叫作**分层抽样**，其中所分的各个部分称为“层”.

笔记

注意：分层后对每层进行具体抽样时，在实际工作中经常采用如下方法.

(1) 先计算每层在总体中所占的比值(如“分析理解”中的$\frac{1\ 000}{3\ 000}=\frac{1}{3}$)；

(2) 再用这个比值去乘样本容量，所得的就是每层抽取的个体数(如“分析理解”中应抽取的服装专业的学生为$\frac{1}{3}\times 60=20$ 人).

例 某地区中、小学生共有 9 000 人，其中，小学生 4 700 人，初中生 3 200 人，高中生 1 100 人. 为了解中、小学生假期作业的负担情况，打算抽取一个容量为 90 的样本. 应当采用怎样的抽样方法?

解 由于不同教育阶段的学生其假期作业的负担情况可能存在着明显差异，如果采用简单随机抽样的方法，抽取的学生可能都是高中生或初中生，也可能都是小学生，在这种情况下样本就不具有代表性了. 因此，宜将全体学生分成小学生、初中生、高中生三个部分分别抽样. 为了更好地反映总体的实际情况，我们应使抽取的学生中各个教育阶段的学生所占的比例与所有学生中各个教育阶段的学生所占的比例相同.

所以，应抽取的小学生的人数为$\frac{4\ 700}{9\ 000}\times 90=47$ 人，应抽取的初中生的人数为$\frac{3\ 200}{9\ 000}\times 90=32$ 人，应抽取的高中生的人数为$\frac{1\ 100}{9\ 000}\times 90=11$ 人. 对这三部分学生分别进行抽样时，可采取简单随机抽样的方法. 抽得的样本总数为 47＋32＋11＝90 人.

随堂练习

某校一年级、二年级和三年级分别有学生 400 人、360 人和 240 人，为了了解全校学生的视力情况，用分层抽样法从中抽取一个容量为 50 的样本，应如何抽取?

8.4.4　系统抽样

笔记

观察思考

从 1 100 枚炮弹中抽取 11 枚炮弹进行测试. 在这情况中制作号签、收集号签并搅拌均匀都不太方便. 那么有什么更合适的抽样方法吗?

分析理解

我们可以按照这样的方法来抽样：首先将这 1 100 枚炮弹进行编号，然后按照号码顺序以一定的间隔进行抽样，由于$\frac{1\,100}{11}=100$，这个间隔定为 100，即从号码为 1～100 的第一个间隔中随机地抽取一个号码，假如抽到的是 8 号，然后从第 8 号开始每 100 个号抽取一个，得到

$$8,\ 108,\ 208,\ 308,\ \cdots,\ 1\,008.$$

这样我们就得到了一个容量为 11 的样本.

抽象概括

上面的抽样方法叫作**系统抽样**.

概念：系统抽样

一般地，系统抽样的步骤为：

(1) 将所研究的对象随机地进行编号.

(2) 确定分段间隔 k，将所有编号均衡地分段，N 为总体容量，n 为样本容量，当$\frac{N}{n}$是整数时，取 $k=\frac{N}{n}$；当$\frac{N}{n}$不是整数时，可用简单随机抽样的方法从总体中剔除一些个体，使剩下的总体容量 N'能被 n 整除，此时 $k=\frac{N'}{n}$.

(3) 在第一段中采用简单随机抽样，确定起始的个体编号 l.

(4) 依次抽取与下列编号相对应的个体：l，$l+k$，$l+2k$，…，$l+(n-1)k$.

例 1　某职业学校有幼师专业学生 1 000 名，需从这 1 000 名学生中抽取 20 名学生，调查其每月的电话费情况，用系统抽样如何抽取样本?

解　(1) 将 1 000 名幼师专业学生随机编号，编号为 1，2，3，…，999，1 000.

(2) 确定分段间隔 k，将整个编号均衡地分段，此时 $k=\frac{1\,000}{20}=50$.

笔记

(3) 在第一段中采用简单随机抽样，确定起始的个体编号，假设抽到12号.

(4) 依次抽取与下列编号相对应的个体，12，12+50，12+100，…，12+950，即抽取的样本编号为12，62，112，…，962.

例2 欲从某厂生产的703辆轿车中随机抽取70辆测试某种性能，请你设计一个抽样方案.

解 采用系统抽样，步骤如下.

(1) 将703辆轿车随机编号，如1，2，3，…，702，703.

(2) 由于$\frac{703}{70}$不是整数，故需先用简单随机抽样剔除3个个体.

(3) 确定分段间隔k，将整个编号均衡地分段，此时$k=\frac{700}{70}=10$.

(4) 在第一段中采用简单随机抽样，确定起始的个体编号，假设抽到3号.

(5) 依次抽取与下列编号相对应的个体，3，3+10，3+20，…，3+690，即抽取的样本编号为3，13，23，…，693.

合作交流

实际生活中，系统抽样有着广泛的应用. 比如，某学校抽取所有学号末位为8的学生进行调研；影迷见面会中，抽取每排从左数第3位观众为幸运观众上台与明星合影. 你还能想到哪些呢？

随堂练习

某校护士专业共有128名教师，现要从中随机地抽取16名教师组成教研队. 请用系统抽样法选出教研队成员.

习题 8.4

水平一

1. 从某班50名同学中抽取10名同学参加学校的活动，则总体是______，总体容量是______，个体是______，样本是______，样本容量是______.

2. 某工厂要从650个零件中抽取50个零件进行质量检查，采用以下哪种抽样方法更合适(　　).

A. 抽签法　　B. 系统抽样

C. 分层抽样　　D. 以上方法都可以

3. 某省全省共有 30 所三甲医院，40 所三乙医院，50 所二甲医院，60 所二乙医院，120 所社区医院，现从中抽取 30 所医院调查某种疾病的发病率，采用以下哪种抽样方法更合适(　　).

A. 抽签法　　B. 系统抽样

C. 分层抽样　　D. 以上方法都可以

4. 利用系统抽样，从某幼儿园 120 位小朋友中抽取 24 位，测量其身体质量指数(BMI)，写出抽样的过程.

5. 请设计一个抽样方案，调查学校学生平均每周看电视的时间.

笔记

8.5　统计图表

8.5.1　频率分布表

观察思考

某职业学校调查全校学生每月的电话费情况，其中对三年级(1)班 50 名学生的调查结果如下(单位：元).

50	70	30	60	70	50	40	70	30	70
60	30	70	40	30	50	70	40	70	50
30	30	50	70	50	70	60	30	50	70
40	30	30	30	60	70	70	50	70	30
30	30	50	40	70	30	50	60	70	30

根据上面这些数据，你能看出该班同学每月的电话费分布情况吗？每月的电话费在哪个范围内的学生最多？

我们很难从上面的一个个数字中直接看出样本包含的信息. 如果能对这些数据进行一些处理，就可以比较清楚地看出样本数据的特征. 那么应该如何处理数据呢？

分析理解

最容易想到的是，我们先数出每个电话费对应的人数，得到表 8-2.

笔记

表 8-2

费用	70 元	60 元	50 元	40 元	30 元
频数	15	5	10	5	15

由表 8-2 可以看出，每月的电话费为 70 元和 30 元的人数最多，都为 15 人，每月的电话费为 60 元和 40 元的人数最少，都为 5 人，最多的与最少的相差 10 人.

为了更全面地看出样本信息，我们还需要算出每个电话费对应的人数占全班总人数的百分比，即频率. 在表 8-2 中，用每月的电话费为 70 元的学生人数除以全班总人数即得到频率，为$\frac{15}{50}=0.3$.

该班学生每月的电话费对应的频数和频率见表 8-3.

表 8-3

费用	70 元	60 元	50 元	40 元	30 元
频数	15	5	10	5	15
频率	0.3	0.1	0.2	0.1	0.3

频率能反映样本包含的信息.

抽象概括

如表 8-3 所示，将一组数据按照数值的大小顺序排列，每个值为一类，记录各类数值出现的频数和频率，用这种方法制成的表格就是**频率分布表**.

概念
频率分布表

例 为了解某职业学校篮球队 10 名队员的年龄情况，调查后得到如下数据.

16 14 15 17 15 18 15 16 15 17

列出频率分布表.

解 频率分布表见表 8-4.

表 8-4

年龄	14	15	16	17	18
频数	1	4	2	2	1
频率	0.1	0.4	0.2	0.2	0.1

笔 记

随堂练习

某咨询台的 60 位接线员 1 分钟内受理的客户数如下.

2	3	5	6	4	1	3	2	4	2	4	2	1	6	1	3	2	3	6	3
1	5	3	2	2	4	3	5	4	3	5	1	6	2	1	5	6	3	2	5
3	2	4	1	2	5	4	5	1	3	2	6	1	5	2	4	6	2	4	4

请列出其 1 分钟内受理的客户数的频率分布表.

8.5.2　频率直方图

观察思考

频率分布表的主体是数字，那有没有更直观的方法来体现表格中的信息，让人们一眼就能看出数据背后的信息呢?

很容易想到，把表格中的数据画成图形，那么这个图形应该怎么画呢?

分析理解

我们用平面直角坐标系的横半轴表示学生每月的电话费，纵半轴表示频数，每个具体费用的频数用一个垂直的方形表示.

根据三年级(1)班学生每月的电话费数据，作出如图 8-1 所示的图形.

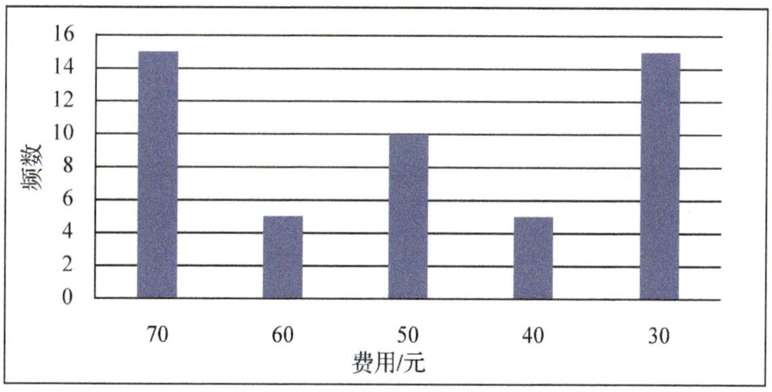

图 8-1

若统计全校 3 000 人每月的电话费情况，可得到表 8-5.

表 8-5

费用	70 元	60 元	50 元	40 元	30 元
频数	900	300	600	300	900

由表 8-5 可以看出，每月的电话费为 70 元和 30 元的人数最多，都为

笔记

900 人，每月的电话费为 60 元和 40 元的人数最少，都为 300 人，最多的与最少的相差 600 人.

全校学生每月的电话费对应的频数和频率见表 8-6.

表 8-6

费用	70 元	60 元	50 元	40 元	30 元
频数	900	300	600	300	900
频率	0.3	0.1	0.2	0.1	0.3

类似地，根据该职业学校 3 000 名学生每月的电话费数据，可作出图 8-2.

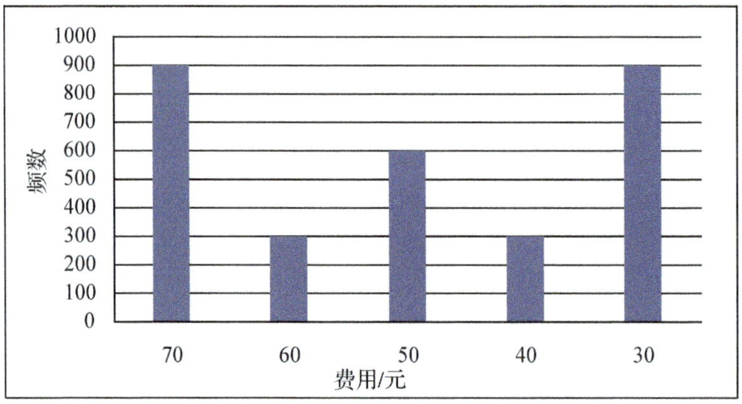

图 8-2

想一想

将频率用纵半轴来表示是不是更能反映数据的整体特征?

对比前面的内容可以看出，总体和样本的个数不同，图的纵半轴表示的频数差异很大，若用纵半轴来表示频率，可作出图 8-3.

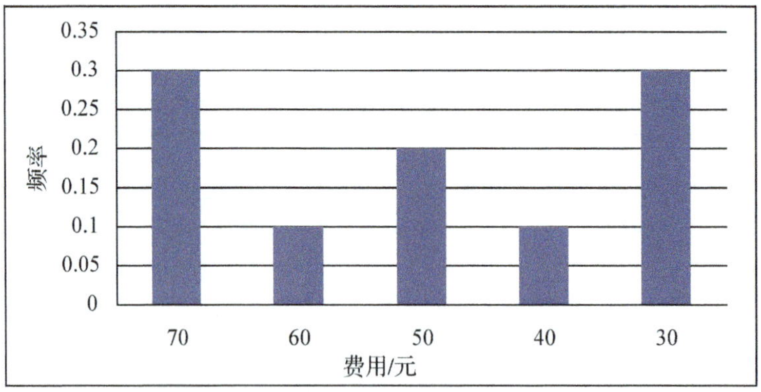

图 8-3

从图 8-3 中我们可以看出，每月的电话费为 50 元及以上的人数占全校总人数的 60%.

抽象概括

像图 8-3 这样的，在平面直角坐标中，用横半轴表示基本数据，用纵半轴表示频率，得出的频率分布图叫作**频率直方图**，从图 8-3 中我们可以直观地看出数据整体的频率分布情况，各类频率的差异在图中也直观地反映出来了.

例 为了解某职业学校篮球队 10 名队员的年龄情况，调查后得到如下数据.

16 14 15 17 15 18 15 16 15 17

根据年龄数据，画出其频率直方图.

解 首先列出频率分布表.（表 8-7）

表 8-7

年龄	14	15	16	17	18
频数	1	4	2	2	1
频率	0.1	0.4	0.2	0.2	0.1

由表 8-7 画出频率直方图.（图 8-4）

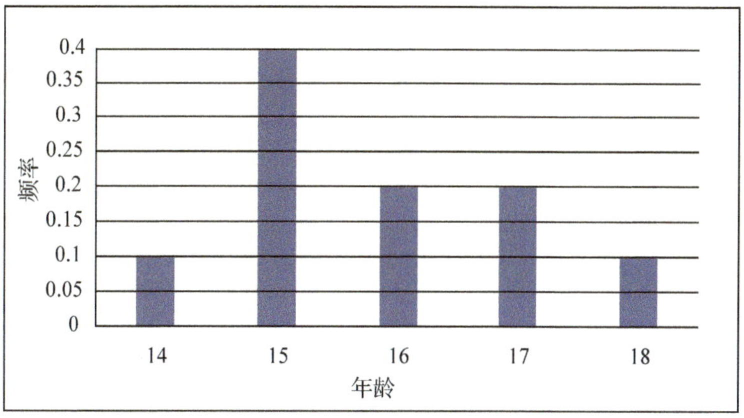

图 8-4

概念
频率直方图

笔记

随堂练习

某咨询台的 60 位接线员 1 分钟内受理的客户数如下.

2 3 5 6 4 1 3 2 4 2 4 2 1 6 1 3 2 3 6 3
1 5 3 2 2 4 3 5 4 3 5 1 6 2 1 5 6 3 2 5
3 2 4 1 2 5 4 5 1 3 2 6 1 5 2 4 6 2 4 4

画出其 1 分钟内受理的客户数的频率直方图.

8.5.3 统计图、表的综合应用

本节我们来看几个例子.

例 1 某公司 50 名员工的月工资表如下.（表 8-8）

笔 记

表 8-8

员工编号	月工资/元	员工编号	月工资/元	员工编号	月工资/元	员工编号	月工资/元	员工编号	月工资/元
1	10 000	11	4 000	21	3 000	31	3 000	41	2 000
2	10 000	12	4 000	22	3 000	32	3 000	42	2 000
3	8 000	13	4 000	23	3 000	33	3 000	43	2 000
4	8 000	14	4 000	24	3 000	34	3 000	44	2 000
5	8 000	15	4 000	25	3 000	35	3 000	45	2 000
6	8 000	16	4 000	26	3 000	36	3 000	46	2 000
7	4 000	17	3 000	27	3 000	37	3 000	47	1 500
8	4 000	18	3 000	28	3 000	38	3 000	48	1 500
9	4 000	19	3 000	29	3 000	39	2 000	49	1 500
10	4 000	20	3 000	30	3 000	40	2 000	50	1 500

面对这张工资表，人们需要了解各种信息. 比如，工资的平均水平是多少？工资的差距有多大？大部分员工的工资都集中在什么水平上？拿最低工资的人多不多？

为了直观地展现这些信息，就需要画出统计图了.

首先，统计工资表中每个工资水平的频数和频率，得到表 8-9.

表 8-9

月工资/元	10 000	8 000	4 000	3 000	2 000	1 500
频数	2	4	10	22	8	4
频率	0.04	0.08	0.20	0.44	0.16	0.08

然后，将这 6 类月工资分别作为横半轴的坐标，用纵半轴表示频率，画出频率直方图.（图 8-5）

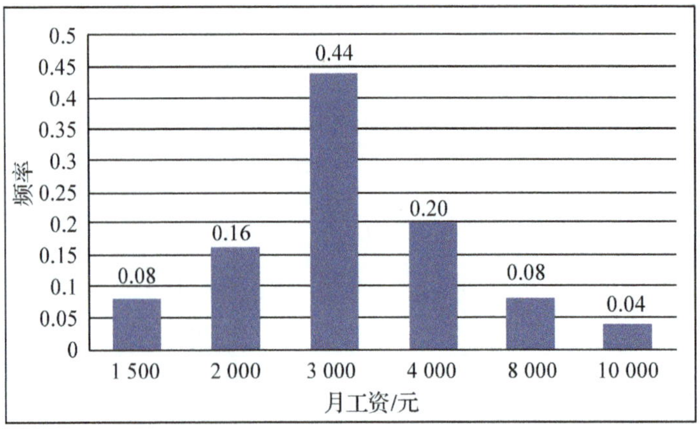

图 8-5

由频率直方图可以看出，大部分员工的月工资为 3 000 元；最高工资为 10 000 元，最低工资为 1 500 元，对应的人数都很少.

例 2　青少年视力水平的下降已经引起全社会的关注，下面是对某职业学校三年级(1)班 50 名学生的视力进行调查所得到的数据.（采用标准对数视力表进行调查）

4.9　4.6　5.2　4.4　4.9　5.0　4.7　4.2　4.8　4.3

4.7　4.6　4.2　4.8　4.3　4.4　5.0　4.7　5.1　4.5

5.0　4.9　4.5　4.7　5.1　4.7　4.5　4.8　4.9　4.6

4.6　5.1　4.6　4.7　4.5　4.1　4.6　4.9　4.7　4.8

4.7　4.9　4.5　5.3　4.7　4.0　4.8　4.4　5.0　4.7

为了直观地了解该班学生的视力情况，首先我们列出频率分布表.（表 8-10）

表 8-10

视力	4.0	4.1	4.2	4.3	4.4	4.5	4.6	4.7	4.8	4.9	5.0	5.1	5.2	5.3
频数	1	1	2	2	3	5	6	10	5	6	4	3	1	1
频率	0.02	0.02	0.04	0.04	0.06	0.1	0.12	0.2	0.1	0.12	0.08	0.06	0.02	0.02

根据上表，画出频率直方图.（图 8-6）

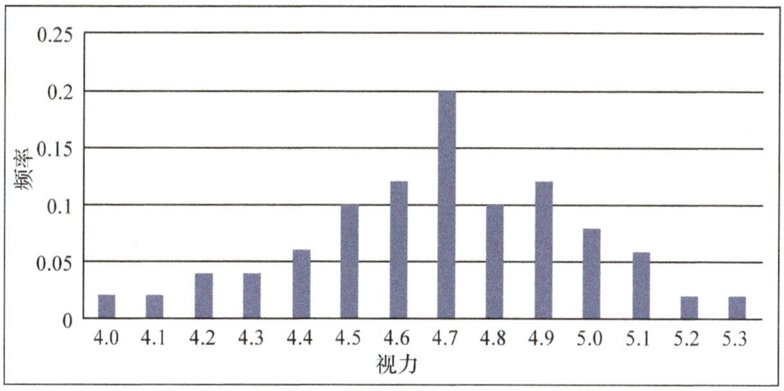

图 8-6

由频率分布直方图可以看出，三年级(1)班的学生中，视力为 4.7 的人数最多，视力很低和视力很高的学生都不多，呈现“中间高，两边低”的分布状态.

想一想

1. 例 2 中，学生的视力水平多达 14 种，频率直方图中的“直方”较多. 那么，有没有更好的方式来呈现数据信息呢？

2. 除了频率直方图，实际生产、生活中还有很多统计图，比如“饼图”“K 线图”等，你能给其他同学介绍一个你见过的统计图吗？

随堂练习

某车间工人日加工零件数的频率分布表如下.

日加工零件数/个	4	5	6	7	8	9
频数	5	6	8	12	5	4
频率	0.125	0.150	0.200	0.300	0.125	0.100

根据上表，作出频率直方图.

笔 记

习题 8.5

水平一

1. 频率直方图的纵半轴代表______________.

2. 已知一个样本数据如下.

70 50 90 90 70 60 80 60 60 100

60 90 90 100 80 50 90 90 60 70

70 70 60 80 70 80 60 80 90 80

50 60 90 80 80 70 70 70 70 80

(1) 请填写下面的频率分布表.

数据	50	60	70	80	90	100
频数						
频率						

(2) 画出频率直方图.

8.6 样本均值与标准差

8.6.1 样本均值、方差和标准差的概念

观察思考

我们用简单随机抽样的方法在某职业学校某专业三年级(1)班中抽出了10名学生，调查其某月的电话费，结果如下(单位：元).

70 60 50 40 70 60 30 60 60 30

那么，如何衡量这10名学生该月的电话费的平均水平呢？这10名学生该月的电话费的差距情况又如何衡量呢？

分析理解

10 名学生该月的电话费的平均水平可以用平均值(均值)来衡量：

$$\bar{x}=\frac{70+60+50+40+70+60+30+60+60+30}{10}=53(\text{元}).$$

10 名学生该月的电话费在平均值附近的波动情况通常用方差和标准差来衡量：

$$s^2=\frac{1}{10}[(70-53)^2+(60-53)^2+(50-53)^2+\cdots+(30-53)^2]=201,$$

$$s=\sqrt{\frac{1}{10}[(70-53)^2+(60-53)^2+(50-53)^2+\cdots+(30-53)^2]}\approx 14.2(\text{元}).$$

注意：平均值和标准差的单位与样本数据的单位是一致的.

抽象概括

假设从总体中抽取一个容量为 n 的样本，得到 n 个数据，x_1，x_2，…，x_n，那么

$$\bar{x}=\frac{1}{n}(x_1+x_2+\cdots+x_n),$$

$$s^2=\frac{1}{n}[(x_1-\bar{x})^2+(x_2-\bar{x})^2+\cdots+(x_n-\bar{x})^2],$$

$$s=\sqrt{\frac{1}{n}[(x_1-\bar{x})^2+(x_2-\bar{x})^2+\cdots+(x_n-\bar{x})^2]}$$

分别称为**样本的均值**、**方差**和**标准差**.

> 概念
> 样本的均值
> 样本的方差
> 样本的标准差

笔记

例　某电视台的健康节目随机抽取了市场上的 10 种零食，测出它们的热量如下.（单位：J/g）

11　12　12　16　40　19　15　20　32　30

上述 10 种零食的热量组成样本，计算样本的均值、方差和标准差.（结果精确到 0.01）

解　样本均值为 $\bar{x}=\frac{11+12+12+16+40+19+15+20+32+30}{10}$

$=20.7(\text{J/g})$；

样本方差为 $s^2=\frac{1}{10}[(11-20.7)^2+(12-20.7)^2+\cdots+(30-20.7)^2]$

$=89.01$；

笔记

样本标准差为 $s=\sqrt{\frac{1}{10}[(11-20.7)^2+(12-20.7)^2+\cdots+(30-20.7)^2]}$

$\approx 9.43(\mathrm{J/g})$.

合作交流

以 8.5.1 随堂练习中的数据为总体.

(1) 你们班的每个同学各抽一个容量为 10 的样本，计算样本的均值、方差和标准差.

(2) 将所有结果公布在黑板上进行比较，大家得到的样本的均值、方差和标准差一样吗？

我们会发现，虽然每个人都从同一个总体中抽取样本，但是所得到的样本的均值、方差与标准差仍然可能不同. 这是因为样本具有随机性. 我们依据样本的数据得到的均值、方差和标准差与真正的总体的均值、方差与标准差可能会有差别，但只要抽样的方法合理，我们可以用它们去估计总体的情况，特别是当样本容量很大时，它们确实能反映出总体的有关信息.

在实际问题中，当所要考查的总体中的个体数很多，或考查本身具有破坏性时，我们通常用样本的均值、方差和标准差去估计总体的均值、方差和标准差.

随堂练习

分别从甲、乙两个供货商的交货天数记录中抽取 10 个记录，数据如下.

甲：11　11　10　9　10　10　9　11　10　9

乙：7　9　12　8　10　8　10　11　15　13

分别计算两个供货商的平均交货天数. 哪个供货商的交货天数比较稳定？(结果精确到 0.01)

8.6.2 样本均值、方差和标准差的计算

观察思考

当样本中只有 10 名学生某月的电话费时，计算样本的均值、方差与标准差相对比较容易. 但实际生活中，样本容量往往比 10 大很多，我们通常可以借助计算器、计算机等工具进行计算.

笔记

新技术应用

对于 8.6.1 中的例 1，可以用 Excel 求样本的均值、方差和标准差，具体方法如下.

(1) 双击 

，打开 Excel；

(2) 在空白表格中输入数据，如图 8-7 所示；

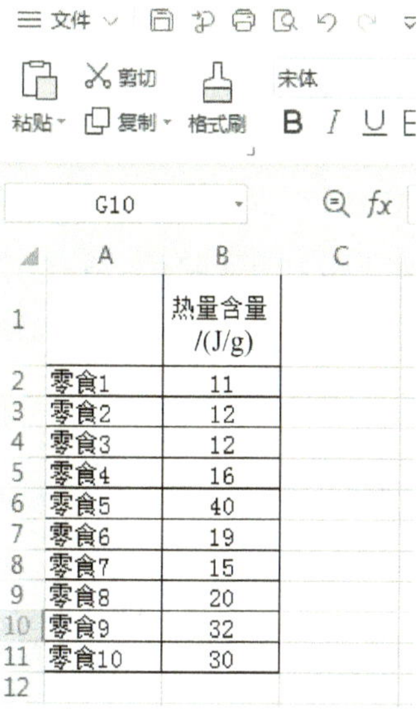

图 8-7

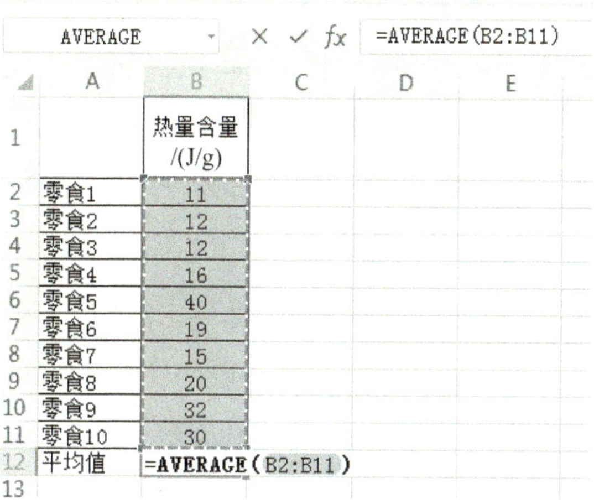

图 8-8

(3) 在表格的第 12 行中计算均值，在 B12 单元格中输入“＝AVERAGE( )”，在括号内选择要计算均值的 10 个样本数据，如图 8-8 所示；

(4) 选好数据后，按“回车”键即可计算出样本的平均值；

(5) 在表格的第 13 行中计算样本的标准差，在 B13 单元格中输入“＝STDEV( )”，在括号内选择要计算标准差的 10 个样本数据，如图 8-9 所示；

(6) 选好数据后，按“回车”键即可计算出样本的标准差，如图 8-10 所示.

此外，用 VAR. S 命令可以计算出样本的方差，同学们可自行尝试.

在实际工作中，人们还会用到科学计算器、统计软件等工具来帮助自己解决复杂的统计问题，生产、生活中常用的统计软件包括 SPSS，SAS 等.

我们来看一个数据更复杂的例子.

笔 记

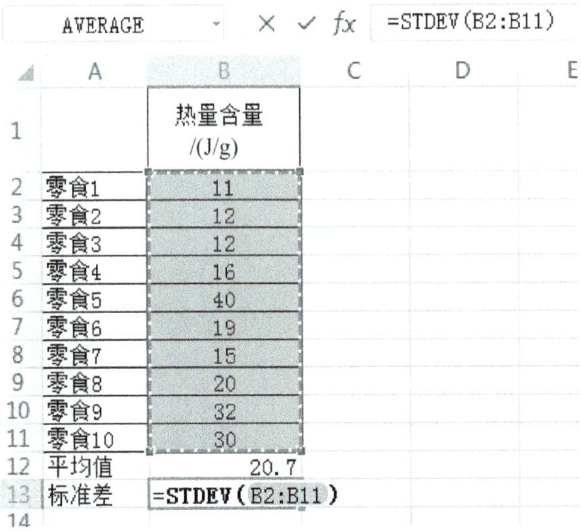

AVERAGE × ✓ fx =STDEV(B2:B11)

	A	B	C	D	E
1		热量含量/(J/g)			
2	零食1	11			
3	零食2	12			
4	零食3	12			
5	零食4	16			
6	零食5	40			
7	零食6	19			
8	零食7	15			
9	零食8	20			
10	零食9	32			
11	零食10	30			
12	平均值	20.7			
13	标准差	=STDEV(B2:B11)			
14					

图 8-9

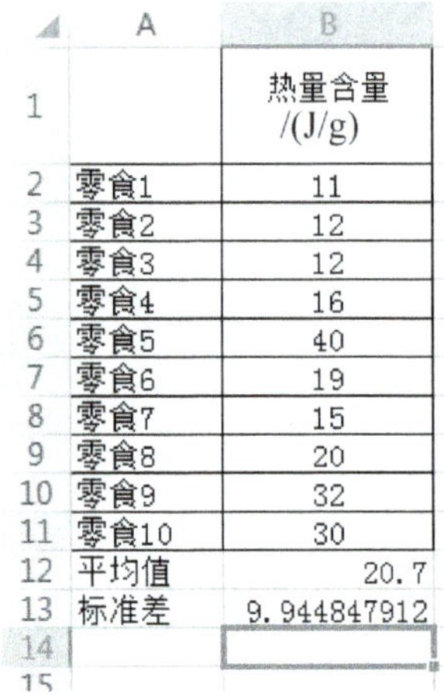

	A	B
1		热量含量/(J/g)
2	零食1	11
3	零食2	12
4	零食3	12
5	零食4	16
6	零食5	40
7	零食6	19
8	零食7	15
9	零食8	20
10	零食9	32
11	零食10	30
12	平均值	20.7
13	标准差	9.944847912
14		
15		

图 8-10

例 甲、乙两台机器同时灌装标准容量为 500 mL 的矿泉水，从它们灌装的瓶装矿泉水中分别随机抽取了 20 瓶，测得其容量如下(单位：mL).

甲：498 495 504 502 499 501 496 503 497 501
499 502 496 497 505 497 503 502 499 503

乙：504 491 495 504 494 503 492 499 507 501
499 502 506 497 508 497 497 502 503 495

从灌装的瓶装矿泉水的容量来看，哪台机器灌装水平较高？(结果精确到 0.001)

分析 我们把每台机器灌装的所有瓶装矿泉水的容量看成一个总体，把分别抽取的 20 瓶矿泉水的容量看成是两个总体的样本. 要比较两台机器的灌装水平，只要比较两个总体的均值与标准差就可以了. 当总体的均值与标准容量(500 mL)比较接近，且总体的标准差比较小时，则认为灌装水平比较高，根据用样本估计总体的思想，我们可以直接比较两个样本的均值与标准差.

解 用 Excel 求得

$$\bar{x}_{甲}=499.950(\text{mL}),\ \bar{x}_{乙}=499.800(\text{mL});$$

$$s_{甲}=2.941(\text{mL}),\ s_{乙}=4.833(\text{mL}).$$

比较两个样本的均值，可以看出，甲机器灌装的瓶装矿泉水的容量比乙机器灌装的更接近标准容量；比较两个样本的标准差，由 $s_{甲}<s_{乙}$，可知甲机器灌装的瓶装矿泉水的容量比乙机器灌装的稳定. 因此，可以得出甲机器灌装水平较高. 注意，我们也可以比较样本的方差，会得到同样的结论.

随堂练习

笔 记

从 100 件零件中抽取 10 件，测得每件长度如下(单位：mm).

25.16 24.75 24.73 24.77 24.74

24.78 24.76 24.72 24.75 24.80

试使用 Excel 计算样本的均值、方差和标准差，并估计总体的均值、方差和标准差. (结果精确到 0.01)

习题 8.6

水平一

1. 下列说法正确的是(　　).

A. 样本的均值反映了样本的波动程度

B. 样本的标准差反映了样本的平均水平

C. 样本的标准差越小，样本的波动越剧烈

D. 样本的标准差越大，样本的波动越剧烈

2. 某班抽取了 5 位男生，其身高数据如下(单位 cm)：

170　　175　　180　　195　　190

该样本的均值为__________；样本的方差和标准差分别为____________. (结果精确到 0.1)

3. 射击队教练在某次射击训练中抽取了某射击运动员 10 次的射击成绩，环数如下.

9.2　9.6　10.0　10.3　10.6　9.9　9.8　10.4　10.1　9.1

那么该运动员在此次射击训练中射击成绩的样本的均值为________；样本的方差和标准差分别为________、________. (结果精确到 0.01)

水平二

1. 某班两组同学开展数学竞赛，每组各有 5 人，得分如下.

甲组	95 分	96 分	81 分	87 分	91 分
乙组	94 分	97 分	87 分	86 分	90 分

试判断哪一组学生的整体数学水平更强.

2. 收集你所在班级的学生的身高数据，计算样本的均值、方差和标准差.

3. 收集一组你感兴趣的数据，分析该数据.

笔记

数学园地

1. 彩票中的概率学

买彩票掌握一定的概率基础知识是非常有必要的．概率知识有助于人们更理性地分析各种玩法，得出更为科学的结论．有一定概率基础知识的彩民都知道，彩票每次开奖都是一次独立的随机事件，其结果不会相互影响，号码 333 和号码 407 出现的概率是一样的．

很多人都玩过游戏“抛硬币”．随意抛出一枚硬币，每次抛出既可能出现正面，也可能出现反面，并且出现正面和出现反面的概率相等，都是$\frac{1}{2}$(忽略硬币直立不倒的可能性)．如果抛 10 次硬币，一般不会正好出现 5 次正面，5 次反面，但是如果抛 1 万次硬币，那么出现正面和出现反面的次数之比会非常接近 1∶1．这是因为如果大量地重复进行同一个随机试验，其结果会趋于稳定．概率论中还有一个比较有用的结论，叫作小概率事件必然发生．举个例子，在摇号过程中，连续摇出的 3 个号码都一样的概率是非常小的，但是仍然会出现．如果随机事件重复无数次，只要是发生概率不为 0 的事件都会发生，这个结论称为小概率事件必然发生．

2. 数学试验

学习了本单元内容后，请思考如下问题，并尝试通过数学试验来加以分析、验证．

试分析：简单随机抽样与分层抽样的优势与不足．

数学试验：在 1，2，3，4，5，6 六个数中，随机抽取若干个数，计算这些数的平均值．

在简单随机抽样的情况下，当样本量为 2 时，请分析平均值的结果，当样本量为 4 时，请分析平均值的结果．

在分层抽样(如分成两组)的情况下，当样本量为 2 时，请分析平均值的结果，当样本量为 4 时，请分析平均值的结果．

试分析，上述数学试验的结果对于分析简单随机抽样与分层抽样的优势与不足有何启示?

笔 记

单元小结

学习导图

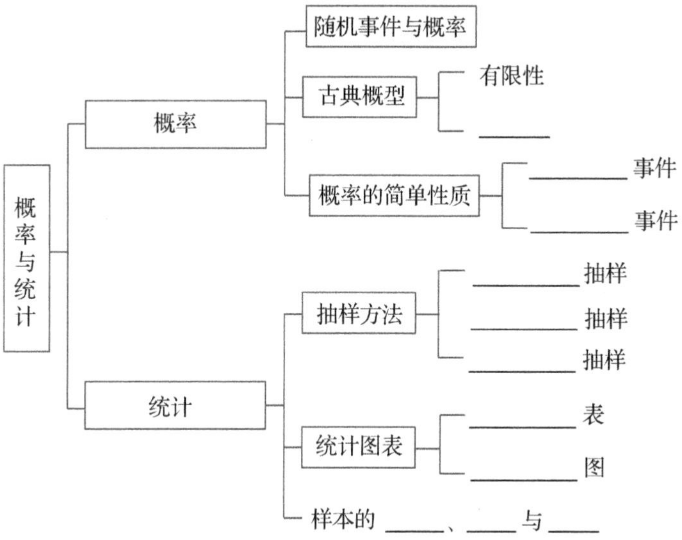

学习指导

1. 随机事件与概率.

试验可能会出现多个结果，在相同的条件下进行 n 次试验，如果事件 A 发生了 m 次，当重复试验的次数逐渐增多时，$\frac{m}{n}$ 会呈现出稳定性，即在某个常数附近摆动 .

可重复进行的、结果有多种且具体结果不可预知的试验称为随机试验，简称试验 . 随机试验的结果称为随机事件，简称事件，常用大写字母 A，B，C 等表示. 在相同的条件下，进行 n 次试验，如果事件 A 发生了 m 次，则称 m 为事件 A 发生的频数，称比值 $\frac{m}{n}$ 为事件 A 发生的频率 .

一般地，在相同条件下，大量重复地进行同一试验时，随着试验次数的增加，事件 A 发生的频率总是在一个常数附近摆动，即事件 A 发生的频率呈现出稳定性，我们就把这个常数叫作事件 A 发生的概率，记作 $P(A)$.

求一个事件发生的概率的基本方法，是进行大量的重复试验，用这个事件发生的频率近似地作为它的概率 .

2. 古典概型.

我们把具有有限性和等可能性两个特征的试验称为古典概型试验，其

笔记

数学模型称为古典概率模型，简称古典概型.

(1) 有限性：在一次试验中，可能出现的结果只有有限个，即基本事件的总数是有限的.

(2) 等可能性：每个基本事件发生的可能性是相等的.

一般地，对于古典概型，我们用某一事件所包含的基本事件的个数与全部基本事件总数的比，来表示该事件发生的概率. 如果基本事件总数为 n，而事件 A 包含 m 个基本事件，则事件 A 发生的概率为

$$P(A)=\frac{m}{n}=\frac{\text{事件 } A \text{ 包含的基本事件数}}{\text{基本事件总数}}\quad (m\leqslant n).$$

3. 概率的简单性质.

若事件 A 和事件 B 是在一次试验中不可能同时发生的两个事件，则称为互斥事件. 对于互斥事件，有如下的概率加法公式可以用来计算有关概率：$P(A+B)=P(A)+P(B)$.

4. 抽样方法.

统计学中，把所研究对象的数量指标取值的全体称为总体. 总体中每一研究对象的数量指标取值叫作个体. 总体中所含个体的个数叫作总体容量.

从总体中抽取一部分个体的过程叫作抽样，被抽取的部分个体叫作总体的一个样本，样本所含个体的个数叫作样本容量.

我们可以使用抽签法、随机数表法等方法进行简单随机抽样.

一般地，若总体是由差异明显的几部分组成的，则为使样本能更充分地反映总体的情况，通常将总体分成互不重叠的几部分，然后按照各部分所占的比例进行抽样，这种方法叫作分层抽样，其中所分的各个部分称为“层”.

此外，还可以使用系统抽样的方法，一般地，系统抽样的步骤为：

(1) 将所研究的对象随机地进行编号.

(2) 确定分段间隔 k，将所有编号均衡地分段，N 为总体容量，n 为样本容量，当 $\frac{N}{n}$ 是整数时，取 $k=\frac{N}{n}$；当 $\frac{N}{n}$ 不是整数时，可用简单随机抽样的方法从总体中剔除一些个体，使剩下的总体容量 N' 能被 n 整除，此时 $k=\frac{N'}{n}$.

(3) 在第一段中采用简单随机抽样，确定起始的个体号码 l.

(4) 依次抽取与下列编号相对应的个体：l，$l+k$，$l+2k$，…，$l+$

$(n-l)k$.

5. 统计图表.

要学习、掌握不同图表的优点和适用范围，特别是在解决实际问题的过程中，学会恰当地使用统计图表.

6. 样本的均值、方差和标准差.

假设从总体中抽取一个容量为 n 的样本，得到 n 个数据，x_1，x_2，…，x_n，那么

$$\bar{x}=\frac{1}{n}(x_1+x_2+\cdots+x_n),$$

$$s^2=\frac{1}{n}[(x_1-\bar{x})^2+(x_2-\bar{x})^2+\cdots+(x_n-\bar{x})^2],$$

$$s=\sqrt{\frac{1}{n}[(x_1-\bar{x})^2+(x_2-\bar{x})^2+\cdots+(x_n-\bar{x})^2]}$$

分别称为样本的均值、方差和标准差.

笔 记

笔记

单元检测

水平一

1. 下列说法正确的是(　　).

A. 总体由个体构成　　B. 全部个体组成样本

C. 样本是总体中的元素　　D. 样本容量可以大于总体容量

2. 从全校 300 名新生中抽取 50 名同学，测量其体脂率，请问这 50 名同学的体脂率是(　　).

A. 总体　　B. 样本　　C. 个体　　D. 样本容量

3. 某校一年级有 8 个班，二年级有 7 个班，三年级有 5 个班，为考查学生的学习情况，比较好的抽样方法是(　　).

A. 随机抽样　　B. 分层抽样

C. 系统抽样　　D. 以上均可以

4. 某同学为增强上肢力量，连续 10 天早上练习引体向上，为鼓励自己，他每天都会记录做的引体向上的个数，具体个数如下.

8　9　9　10　12　11　14　14　20　23

关于这组数据的说法正确的是(　　).

A. 平均值为 11　　B. 平均值为 14

C. 标准差小于 5　　D. 标准差小于 4

5. 某市为创建文明城市，试进行生活垃圾分类处理，将生活垃圾分为厨余垃圾、可回收垃圾、其他垃圾和有害垃圾四类，分别记为 a，b，c，d. 设置了厨余垃圾箱、可回收垃圾箱、其他垃圾箱和有害垃圾箱，分别为 A，B，C，D. 为调查居民生活垃圾分类投放情况，随机抽取某小区三类垃圾箱中共计 500 kg 的生活垃圾，数据统计表如下，则估计生活垃圾投放错误的概率为(　　).

类别	A	B	C	D
a	200 kg	10 kg	25 kg	10 kg
b	15 kg	110 kg	15 kg	5 kg
c	10 kg	30 kg	30 kg	5 kg
d	5 kg	15 kg	5 kg	10 kg

A. $\dfrac{23}{50}$　　B. $\dfrac{1}{6}$　　C. $\dfrac{9}{50}$　　D. $\dfrac{3}{10}$

笔记

6. 中华优秀传统文化源远流长、博大精深，谈到书法艺术就离不开汉字，汉字本身具有丰富的意象和可塑的规律性. 我国书体大体可分为篆、隶、楷、行、草五种，现有一名书法爱好者准备从五种书体中任意选两种进行研习，则他恰好不选草书体的概率为(　　).

A. $\frac{3}{5}$　　B. $\frac{2}{5}$　　C. $\frac{4}{5}$　　D. $\frac{1}{5}$

7. 一个不透明的袋子中装有若干个大小相同、颜色不同的小球，若袋中有 2 个红球，且从袋中任取一球，取到红球的概率为$\frac{1}{5}$，则袋中球的总个数为(　　).

A. 5　　B. 8　　C. 10　　D. 12

8. 某工厂生产了一批节能灯泡，这批产品按质量分可为一等品、二等品、不合格品. 从这批产品中随机抽取一件进行检测，设“抽到一等品”的概率为 0.75，“抽到二等品”的概率为 0.2，则“抽到不合格品”的概率为(　　).

A. 0.05　　B. 0.25　　C. 0.8　　D. 0.95

9. 从装有 4 个黑球、2 个白球的袋中任取 3 个球，若事件 A 为“所取的 3 个球中至多有 1 个白球”，则与事件 A 互斥的事件是(　　).

A. 所取的 3 个球中至少有一个白球

B. 所取的 3 个球中恰有 2 个白球、1 个黑球

C. 所取的 3 个球都是黑球

D. 所取的 3 个球中恰有 1 个白球、2 个黑球

水平二

1. 用简单随机抽样，从全班 49 名学生中抽出 6 名学生参加学校组织的参观工厂活动，请写出抽样过程.

2. 下面是小明在 30 天中每天练习跑步时跑的圈数.

2	3	5	5	5	6	4	4	4	6
7	8	9	9	9	8	8	8	8	8
10	3	5	5	7	7	6	6	6	9

(1) 请填写下面的频率分布表.

笔 记

数据	2	3	4	5	6	7	8	9	10
频数									
频率									

(2) 请画出频率直方图.

3. 某调查公司受某手机厂商委托，到某小区调查居民使用新款手机的情况，共发放问卷 1 000 份，收回有效调查问卷 800 份. 指出其中的总体、总体容量、个体、样本与样本容量.

4. 试解释下面各种情况的概率意义.

(1) 某厂产品的次品率为 0.02；

(2) 服用某种药物治愈某种疾病的概率为 90%.

5. 编号为 1，2 的两个纸箱中各有 6 个相同的小球(分别标有数字 1，2，3，4，5，6)，从 1，2 两个纸箱中各摸出一个小球，所标数字分别为 x，y，求其满足条件 $y=2x$ 的概率.

6. 在某次数学考试中，小江的得分为 90 分以上的概率是 0.25，得分在[80，90]内的概率是 0.48，得分在[70，80)内的概率是 0.11，得分在[60，70)内的概率是 0.09，得分为 60 分以下的概率是 0.07. 计算：

(1) 小江在此次数学考试中取得 80 分及以上分数的概率；

(2) 小江考试及格(成绩不低于 60 分)的概率.

附 录 随机数表

1306	1189	5731	3968	5606	5084	8947	3897	1636	7810
0422	2431	0649	8085	5053	4722	6598	5044	9040	5121
6597	2022	6168	5060	8656	6733	6364	7649	1871	4328
7965	6541	5645	6243	7658	6903	9911	5740	7824	8520
7695	6937	0406	8894	0441	8135	9797	7285	5905	9539
5160	7851	8464	6789	3938	4197	6511	0407	9239	2232
2961	0551	0539	8288	7478	7565	5581	5771	5442	8761
1428	4183	4312	5445	4854	9157	9158	5218	1464	3634
3666	5642	4539	1561	7849	7520	2547	0756	1206	2033
6543	6799	7454	9052	6689	1946	2574	9386	0304	7945
9975	6080	7423	3175	9377	6951	6519	8287	8994	5532
4866	0956	7545	7723	8085	4948	2228	9583	4415	7065
8239	7068	6694	5168	3117	1586	0237	6160	9585	1133
8722	9191	3386	3443	0434	4586	4150	1224	6204	0937
1330	9120	8785	8382	2929	7089	3109	6742	2468	7025
2296	2952	4764	9070	6356	9192	4012	0618	2219	1109
3582	7052	3132	4519	9250	2486	0830	8472	2160	7046
5872	9207	7222	6494	8973	3545	6967	8490	5264	9821
1134	6324	6201	3792	5651	0538	4676	2064	0584	7996
1403	4497	7390	8503	8239	4236	8022	2914	4368	4529
3393	7025	3381	3553	2128	1021	8353	6413	5161	8583
1137	7896	3602	0060	7850	7626	0854	6565	4260	6220
7437	5198	8772	6927	8527	6851	2709	5992	7383	1071
8414	8820	3917	7238	9821	6073	6658	1280	9643	7761
8398	5224	2749	7311	5740	9771	7826	9533	8800	4553
0995	8935	2939	3092	2496	0359	0318	4697	7181	4035
6657	0755	9685	4017	6581	7292	5643	5064	1142	1297
8875	8369	7868	0190	9278	1709	4253	9346	4335	3769
8399	6702	0586	6428	7985	2979	4513	1970	1989	3105
6703	1024	2064	0393	6815	8502	1375	4171	6970	1201
4730	1653	9032	9855	0957	7366	0325	5178	7959	5371
8400	6834	3187	8688	1079	1480	6776	9888	7585	9998
3647	8002	6726	0877	4552	3238	7542	7804	3933	9475
6789	5197	8037	2354	9262	5497	0005	3986	1767	7981
2630	2721	2810	2185	6323	5679	4931	8336	6662	3566
1374	8625	1644	3342	1587	0762	6057	8011	2666	3759
1572	7625	9110	4409	0239	7059	3415	5537	2250	7292
9678	2877	7579	4935	0449	8119	6969	5383	1717	6719
0882	6781	3538	4090	3092	2365	6001	3446	9985	6007
0006	4205	2389	4365	1981	8158	7784	6256	3842	5603
4611	9861	7916	9305	2074	9462	0254	4827	9198	3974
1093	3784	4190	6332	1175	8599	9735	8584	6581	7194
3374	3545	6865	8819	3342	1676	2264	6014	5012	2458
3050	9676	1436	4374	4716	5548	8276	6235	6742	2154
7292	5749	7977	7602	9205	3599	3880	9537	4423	2330
2353	8319	2850	4026	3027	1708	3518	7034	7132	6903
1094	2009	8919	5676	7283	4982	9642	7235	8167	3366
0568	4002	0587	7165	1094	2006	7471	0940	4366	9554
5606	4070	5233	4339	6543	6695	5799	5821	3953	9458
8285	7537	1181	2300	5294	6892	1627	3372	1952	3028

* 此随机数表共有 40 列.